Inhalt

I Einleitung 9

II Das geistige Wesen der Tiere 21

III Mein Weg zu den Bienen 35

IV Elementarwesen des Bienenvolkes 45

Der Bienerich 47

Der Hüter des Bienenstandes 51

Der Hüter des Bienenstandes und der Bienerich 53

Der Hüter des Bienenstandes und der Imker 55

V Die Bienenkönigin 57

Der Hochzeitsflug der Bienenkönigin 59

Der Winterweg der Bienenkönigin 62

Das Sonnenwesen Bienenkönigin 68

Das Wesen der Bienenkönigin und das Bienenvolk 70

Die Beziehung der Bienenkönigin zur Seele des Menschen 73

VI Die Arbeiterin 77

Das Wesen der Arbeiterin 79

Ausflug der Arbeiterin 81

Blütenbesuch 84

Das Seelenwesen der einzelnen Biene 86

Die Arbeiterin und die Seele des Menschen 89

Die Wirkungen der Arbeiterin auf den Schlaf des Menschen 93

Die Not der Bienen 97

VII Die Drohnen 101

Das Wesen der Drohnen 103

Drohnensammelplätze 106

Die Bedeutung der Drohnen für das Bienenvolk 109

VIII Die drei Bienenwesen 113

IX Das hohe Bienenwesen 119

Das hohe Bienenwesen und die Erde 121

Die Substanzen der Bienen 124

X Das Bienenvolk 127

Das Urbild des Bienenvolkes 129

Die Geburt eines Bienenvolkes: der Schwarm 131

Die Schwarmtraube 135

Der Einzug des Bienenvolkes 139

Die zwölf Aspekte des Bienenvolkes 140

Das Wesen des Honigs 146

Das Bienengift 150

Das Wabenwerk 152

Die Wärme 155

Die geistige Erde 157

XI Die Verwandlungsarbeit der Bienen 159

Die Verwandlungsarbeit der Bienen an der Erde 161

Der Schlaf des Menschen und die Bienen 169

Die Bienen und die Welt der Verstorbenen 170

Die Bienen als Tiere der Schwelle 172

Das Wesen der Varroa-Milbe 174

XII Menschenbiene und Bienenmensch 177

Die Seele des Bienenstocks 179

Die Wintertraube und die Seele des Menschen 180

Der Bienenweg der Seele 183

Die Gaben der Bienen 188

Worte der Feen über die Bienen 190

Die geistigen Gaben der Arbeiterinnen an den Imker 193

Der Imker und seine Völker 195

Bild der zukünftigen Seele 198

XIII Bienensprüche 203

XIV Botschaften der Bienen 219

XV Zu den Bildern 237

XVI Nachwort 243

Nachweise 247

I Einleitung

In diesem Buch finden sich Ergebnisse einer Forschung, die mit den Mitteln der übersinnlichen Beobachtung betrieben wird. Es soll gezeigt werden, was eine Forschung, welche nicht sinnlich wahrnehmbare Lebensreiche mit berücksichtigt, über das Wesen der Bienen zu sagen hat. Dieser Forschung liegt eine Sichtweise auf die Welt und ihre Phänomene zugrunde, die in jeder Sinneserscheinung einen Hinweis auf verborgene übersinnliche Ereignisse sieht. Für sie ist die Sinneswelt eine Welt, die zugleich verbirgt und offenbart. Das in allen Erscheinungen webende Geistige ist zwar verborgen, offenbart sich aber gleichzeitig, denn die geistige Welt bedient sich der Sinneswelt, um in Erscheinung zu treten. Tatsächlich sind die physische und die geistige Welt nicht voneinander getrennt zu betrachten. Sich auf die sinnlich wahrnehmbaren Tatsachen zu beschränken bedeutet deshalb, einen wesentlichen Teil der Wirklichkeit außer acht zu lassen.

Die Darstellung über das Dasein der Elementarwesen des Bienenvolkes in meinem letzten Buch, «Botschaften der Elementarwesen», war ein erster Schritt zur Veröffentlichung von Forschungsergebnissen über die Bienen.

Das vorliegende, nun ganz dem Bienenwesen gewidmete Buch wendet sich ausdrücklich an alle Menschen, denen die Bienen am Herzen liegen, also sowohl an Imker als auch an Nichtimker. Nichtimkern werden immer wieder durch kurze Einschübe Erklärungen gegeben, so dass es nicht nötig sein wird, ein Fachbuch über Bienenkunde zu konsultieren. Ich möchte auch darauf hinweisen, dass in dieser Darstellung keine Fragen der imkerlichen Praxis erörtert werden. Dies wird Aufgabe einer hoffentlich folgenden Veröffentlichung sein.

Die Bienen sind in großer Gefahr. Gespräche mit Imkern machen das immer wieder deutlich. Über die Gründe des Bienensterbens wird viel geforscht und spekuliert. Die Ursachen sind sehr vielfältig. Unzweifelhaft aber ist, dass es letztendlich auf den Menschen zurückgeht. Er ist die eigentlich Ursache des

Bienensterbens. Die technische und ökonomische Entwicklung, die im 19. Jahrhundert begonnen hat, führt immer mehr zu einer Art, mit den Wesen der Natur umzugehen, die dem Leben der Erde gegenüber respektlos und zerstörerisch agiert. Das vorliegende Buch wendet sich strikt gegen ein solches Vorgehen. Die geistigen Wesen, die mit dem Leben der Bienen in Verbindung stehen und in der Folge zu Wort kommen sollen, sagen eindeutig, dass die Not der Bienen eigentlich eine Not der Menschen ist. In den Qualen, die der Mensch den Lebewesen der Erde zufügt, kommt eine Not zum Ausdruck, die nur seine eigene sein kann. Das Bienenwesen verhilft zu Gesichtspunkten, die zeigen, wie die Beziehung zwischen dem Menschen und den Wesen der Erde zu verstehen ist und worin die Aufgabe des Menschen bestehen kann, wenn es darum geht, ein verantwortungsvolles Verhältnis zur Erde zu pflegen.

Befasst man sich mit den Honigbienen, wird man bemerken, dass man es mit Wesen zu tun hat, die sich ihre Geheimnisse nicht leicht entlocken lassen. Ein Bienenvolk ist eine äußerst komplexe Wesenheit. Es besteht aus vielen tausend Individuen, die die Fähigkeit haben, auf die verschiedensten Umstände weisheitsvoll zu reagieren. Dabei ist bis heute nicht geklärt, wie sie dies zustande bringen. Tatsächlich kann man sagen, dass ein Bienenvolk von einer unbegreiflichen Weisheit durchdrungen ist, die jede einzelne Biene umfasst und gewährleistet, dass das Volk trotz der fortwährend sich ändernden Lebensbedingungen überlebensfähig bleibt.

Wer das Leben der Bienen beobachtet, stößt auf eine unüberschaubar scheinende Vielzahl von Lebensäußerungen. Das Studium der Bienen ist in diesem Sinn endlos. Die vielen zu beobachtenden Einzelheiten erschweren es, die Grundgebärden herauszulesen, die ermöglichen, sich dem eigentlichen Wesen der Bienen und des Bienenvolkes zu nähern. Die Bienen entziehen sich dem Beobachter, der versucht, ihre Lebensäußerungen überschaubar zu machen. Dennoch lassen sich in der Entwicklung eines Bienenvolkes durch das Jahr bestimmte regelmäßig sich wiederholende Stadien unterscheiden. Jede für sich ist ein großes Bild, das den Beobachter tief beeindruckt und ihn immer wieder vor große Rätsel stellt.

Das große Geheimnis, das die Bienen umgibt, ist Ursache der Verehrung, die die Menschen ihnen zu allen Zeiten entgegengebracht haben. Die Bienen galten schon immer als besondere, als heilige Tiere. Diese stillschweigende Übereinkunft der Menschen, in den Bienen besondere Wesen zu sehen, kontrastiert heute mit einer Tatsache, die jeder als sehr beschämend erleben muss. Die Bienen sind durch das Verhalten des Menschen vom Aussterben bedroht. Was für viele Tiere schon Realität geworden ist, dass es ihnen verunmöglicht wurde, auf der Erde zu leben, davon sind nun auch die Bienen bedroht. Ich glaube, es ist nicht nur wegen der konkreten physischen Konsequenzen, die ein Aussterben der Bienen für die Menschen zur Folge hätte, dass die Not der Bienen so großen Widerhall in der Öffentlichkeit findet. Es steckt noch etwas anderes dahinter, das mit einem tief in der Seele der Menschen verankerten Gefühl zu tun hat. Die Seele ahnt einen bedeutungsvollen Zusammenhang zwischen sich und den Bienen. Im Märchen von der Bienenkönigin der Gebrüder Grimm finden diese Ahnungen einen Ausdruck. Der Dummling hält dort seine beiden Brüder davon ab, Feuer unter einem wilden Bienennest zu legen, um so an den Honig zu gelangen, indem er sagt: «Lasst die Tiere in Frieden, ich leids nicht, dass ihr sie verbrennt.» Später hilft ihm die Bienenkönigin, die er errettet hat, das zu Stein gewordene Schloss aus seinem Bann zu befreien. Wir sind heute in der Lage der beiden Brüder des Dummlings, und es wäre an der Zeit, auf den Ruf des Dummlings zu hören.

Die Beschäftigung mit dem Wesen der Bienen lässt das Bedürfnis aufkeimen, sich den Phänomenen, die man bei ihnen wahrnehmen kann, meditativ zu nähern. Indem man das tut, wird man bemerken, wie sich die Eindrücke verändern, die man durch die äußere Wahrnehmung erhält. Sie wandeln sich zu inneren Bildern. Man kommt schließlich dazu, diesen seelischen Bildern nicht weniger Wahrheitsgehalt beizumessen als den Einsichten, die man durch die äußeren Sinne erlangt. Dadurch wird deutlich, dass es neben der «Sprache» der Bienen, die sich in den sinnlichen Phänomenen zeigt, eine innere «Bienensprache» gibt. Die Bienen wollen nicht nur über die äußeren Sinne zum Menschen sprechen, sie wollen dies auch durch seine inneren tun.

Ich habe mich bemüht, die Sachverhalte, die sich durch die übersinnlichen Forschungen ergeben, möglichst klar und nachvollziehbar zu schildern. Das ist kein leichtes Unterfangen. Immer wieder zeigte sich, dass die gängigen Begriffe nur unzureichend geeignet sind, übersinnliche Tatsachen darzustellen. Dem Leser wird deshalb zu einem langsamen und behutsamen Lesen geraten. In vielen Fällen erschließt erst die innere Aktivität den tieferen Sinn der Worte und Sätze. Das betrifft vor allem die Beschreibung des Winterweges der Bienenkönigin, die Frage nach dem Urbild des Bienenvolkes und die Angaben zu den Verwandlungsarbeiten der Bienen.

Es liegt in der Natur übersinnlicher Forschungsresultate, dass sie vom Forscher nicht mit der Erwartung verbunden sind, dass man sie vorbehaltlos annimmt. Sie sollen vielmehr als Anregungen zu eigenen Überlegungen und eigenem Forschen verstanden werden. Übersinnliche Forschungsergebnisse sollen praktisch wirksam werden können. Das bedeutet aber, dass sie nicht als absolute Wahrheiten behandelt werden dürfen. In der Praxis können sie sich nur bewähren, wenn sie von den Menschen, die sich mit ihnen vertraut machen wollen, geprüft werden.

Bevor ich fortfahre, möchte ich einiges über die Methode sagen, die diesen Ausführungen über das geistige Wesen der Bienen zugrunde liegt. Das Hinschauen auf die Phänomene der sinnlichen Welt offenbart dem Beobachter nur einen Teil der Lebenswirklichkeit. Ein wesentlicher Teil der Wirklichkeit bleibt der sinnlichen Wahrnehmung verborgen. Die Begegnung mit den Sinnestatsachen führt den Betrachtenden an eine Grenze. Er erlebt, dass die Dinge, die er wahrnimmt, an einem bestimmten Punkt der Begegnung gewissermaßen verstummen. Er fühlt sich unfähig, sich selbst so zurückzuhalten, so aus dem Spiel zu nehmen, dass die Dinge und Wesen selber sprechen können. Er erlebt sich selbst als das größte Hindernis, um zu einer Wesenserkenntnis zu gelangen. Hat man diesen Punkt erreicht und erlebt, bietet sich erst die Möglichkeit, sinnvoll weiterzuschreiten. Es lässt sich nun die überraschende Erfahrung machen, dass das Wesentliche gar nicht hinter den Erscheinungen verborgen bleibt. Es offenbart sich vielmehr durch das, was uns die Sinne vermitteln. Indem man das eingehend beobachtet, was man durch die Sinne erfahren kann, erkennt man, dass das durch sie Wahrgenommene zu einem Feld der Offenbarung werden kann. Man muss die Dinge nur ernsthaft und geduldig betrachten. Die genaue Betrachtung der sinnlichen Tatsachen, die sich in den Pflanzen, den Tieren, Mineralien, aber auch in den Landschaften und selbst durch die Menschen zeigen, ist der erste und wesentliche Schritt zum Gewahrwerden von Wesensoffenbarungen. Farben, Formen, Bewegungen, Gebärden sind Buchstaben einer Sprache der Dinge selbst. Der Sinn dieser Buchstaben lässt sich erahnen, wenn man die einzelnen Beobachtungen in einer innerlichen Bewegung oder Gebärde der eigenen Seele übergibt. Die Seele des Menschen kann in den Phänomenen lesen. Ihr ist es möglich, den Sinnzusammenhang, von dem die einzelnen Beobachtungen jeweils nur Teilaspekte sind, zu erahnen und schließlich zu erkennen. Die sinnlichen Phänomene mit Geduld und Ausdauer zu betrachten und sie in der Seele erklingen zu lassen, führt mit der Zeit dahin, die geistigen Geheimnisse, von denen die Sinnestatsachen durch ihr Dasein sprechen, zu ergründen.

Der Mensch kann lernen, sich so als seelisches und denkendes Wesen in die Beobachtung hineinzugeben, dass die Dinge zu sprechen beginnen. Es ist allerdings notwendig, dass man die Wahrnehmungen, die man macht, mit dem Bewusstsein so intensiv wie möglich begleitet. Die Grundlage der im Folgenden geschilderten übersinnlichen Beobachtungen ist ein Erkenntnisweg, der durch die Verfeinerung der sinnlichen Wahrnehmungsfähigkeit zu Wahrnehmungen übersinnlicher Phänomene führt. Wenn man diesen Weg geht, erlangt man zuerst die Fähigkeit, diejenigen geistigen Wesen wahrzunehmen, die man die Wesen der elementaren Welt nennt. Sie leben in unmittelbarem Zusammenhang mit der sinnlichen Welt. Sie sind in diese verzaubert.

Der weitere Weg in der Entwicklung übersinnlicher Fähigkeiten führt schließlich dahin, geistige Wesenheiten wahrzunehmen, die sich nicht unmittelbar in der sinnlichen Welt offenbaren, wie die Elementarwesen. Diese Wesen sind höherer Natur und stehen über den Elementarwesen. Um sie wahrzunehmen, sind höhere Seelenfähigkeiten nötig. Man bezeichnet sie als Wesen, die dem astralen Reich angehören, während Elementarwesen im Ätherreich beheimatet sind. Indem man in das Reich der astralen Wesenheiten eintritt, wird man der Gruppenseelen der Tiere gewahr. Sie leben in der astralen Welt, so wie wir Menschen mit unserem Ich in der physischen Welt leben.

Mit der Veröffentlichung dieser Forschungsresultate habe ich Jahre gewartet. Nach langer Vorarbeit entstand 2010 ein Heft über die Elementarwesen der Bienen. Das, was ich damals über den Zusammenhang der Bienen und der Wesen der elementaren Welt wusste, habe ich dort berichtet. Ich hatte das Glück, dass sich Menschen fanden, die für die Verbreitung dieses Heftes unter Imkern sorgten. Dafür danke ich vor allem Michael Weiler und Andreas Wijgmans. Durch ihre Hilfe war es mir möglich, 2011 und 2012 in Holland und Deutschland Imker kennenzulernen, die sich für die Ergebnisse meiner Forschung interessierten. Diese Zusammenarbeit war für mich eine wesentliche Vorbereitung dazu, das vorliegende Buch für eine größere Öffentlichkeit zu schreiben. Michael Weiler stand mir bei der Abfassung mit kostbaren Ratschlägen zur Seite. Besonders möchte ich sein eigenes Buch über die Bienen empfehlen, aus dem ich an vier Stellen zitieren werde.

In der Anfangszeit meiner Forschungsarbeit erfuhr ich große Unterstützung von Margit Fregin, die am Bodensee lebt und an deren Bienenstand ich meine ersten Erfahrungen machen konnte. Sie führte mich in die Geheimnisse der Bienen ein. Markus Sieber, der auf dem Gut Rheinau in der Schweiz lebt und imkert, gilt ebenfalls mein Dank. Zusammen mit ihm konnte ich vieles über das Wesen der Bienen in Erfahrung bringen. In der Folge fand ich Unterstützung von den in der Schweiz lebenden Imkern und biologisch-dynamischen Landwirten Marco Klurfeld, Philipp Birri und Beat Müller. Ich bin ihnen zu großem Dank verpflichtet. Mit großem Aufwand widmeten sie neben ihren vielen anderen Tätigkeiten der gemeinsamen Forschung viel Zeit und Mühe. Es ging dabei unter anderem um die Frage, wie man den Bienen durch die Pflege der Landschaft helfen kann.

Der Imkerin Annie Varekamp und dem Imkerkreis in Driebergen in Holland sei gedankt, die meine Arbeit in der letzten Zeit maßgeblich mitgetragen haben. Viel Wertvolles hat sich aus dieser Zusammenarbeit ergeben.

In den letzten beiden Jahren luden mich Imkerinnen und Imker aus Deutschland ein, Seminare über das geistige Wesen der Bienen zu halten. Manuela und Robert Müller aus Coburg, Nicole Saturna aus Siegburg und Sabine Wendt aus Sörup bei Flensburg bin ich deshalb zu großem Dank verpflichtet.

Große Unterstützung erfuhr ich ebenfalls von Franziska van der Geest, die mich immer wieder zu dem Projekt ermunterte und mich an ihren Forschungen über die Wesen der geistigen Welt teilnehmen ließ.

Ebenso möchte ich der unermüdlichen Forscherin Inanna Frey aus Kärnten danken, die das Wesen der Bienen seit vielen Jahren auf übersinnlichen Wege untersucht und Botschaften von ihnen empfängt.

Der Imker Andreas Wijgmans hat nach einem Bienenseminar in Holland im Februar 2013 einen Spruch verfasst, der auf wunderbare Weise zusammenfasst, worum es in diesem Buch über das geistige Wesen der Bienen geht:

An das Bienenwesen

Hohes heiliges Bienenwesen,
Du uns tief die Treue hältst,
uns stärken willst
und lässt genesen
durch Deine Bienen,
durch Dich selbst,

bis wir lernen zu erneuern,
Deine Bienen neu zu lesen,
lernen, neu sie zu betreuen,
sie zu tragen durch die Zeit,
von dem Schmerz sie zu befreien
aus Trauer, aus Verlassenheit;

über der Erde Tiefen,
unter des Himmels Höhen
klingt in der Mitte unsere Bitte:
Geh' mit uns noch weit, ganz weit
in die Unvergänglichkeit.

II Das geistige Wesen der Tiere

Die Bienen gehören zum Reich der Tiere. Es ist deshalb angebracht, sich etwas mit dem zu befassen, was die übersinnliche Erkenntnis über das Wesen der Tiere zu sagen hat. Dabei soll vor allem angeschaut werden, worin die Aufgaben der Tiere in Bezug auf den Menschen und seine Entwicklung bestehen. Um die folgenden Untersuchungen über das geistige Wesen der Bienen zu verstehen, ist es sogar wichtig, sich Begriffe von den geistigen Zusammenhängen zwischen den Tieren und dem Menschen anzueignen. In Kapitel XI wird auf die Verwandlungsarbeit der Bienen, also auf ihre tiefere Bedeutung, eingegangen, die sich jedoch dem Leser entziehen würde, der sich über das geistige Band zwischen der Tierwelt und der Menschenwelt noch keine Gedanken gemacht hat.

Die übersinnliche Beobachtung der verschiedenen Tierwesen führt zu dem Ergebnis, dass zwischen dem Menschen und der Tierwelt ein tiefer und wesentlicher Zusammenhang besteht. Die beiden Naturreiche sind durch ein geistiges Band verbunden. Es zeigt sich, wenn man dieses Band entdeckt, dass die Tiere die Menschenwesenheit mittragen. Das Leben des Menschen ist ohne die Beziehung, die er geistig zu den Tieren hat, undenkbar. Man kann deshalb sagen, dass Mensch und Tier geistig verschwistert sind.

Diese Geschwisterschaft zwischen dem Menschen und den Tieren ist aber nur zu verstehen, wenn man den Mut hat, ein Denken zu pflegen, das sich der Existenz einer geistigen Welt nicht verschließt. Sobald als Möglichkeit anerkannt wird, dass die Welt, die sich unseren Sinnen öffnet, nicht die Einzige ist, kann die Frage nach dem geistigen Zusammenhang zwischen den Tieren und dem Menschen ganz neu erwogen werden.

Tiere sind von einem geistigen Gesichtspunkt aus gesehen hohe Wesenheiten. Das einzelne Tier, der Vogel, der im ersten Morgenlicht seinen Gesang erhebt, das scheue Reh, das am fernen Waldrand grast, die gemächlich dahingleitende Schnecke oder der bunte Schmetterling sind sinnliche Bilder viel höher stehender geistiger Wesenheiten. Diese schaffen sich in den Tieren, die auf der Erde leben, ihren sinnlichen Ausdruck und hüten das geistige Urbild der entsprechenden Tierart. Sie stehen als Wesenheiten aus der Hierarchie der Engel weit über dem einzelnen Tier, zum Beispiel dem Bären oder dem Pferd, und entziehen sich der sinnlichen Anschauung. Im einzelnen Tier lebt sich die Wesenheit aber aus. Von ihr geht der geistige Lebensstrom aus, durch den eine Tierart überhaupt auf der Erde zur Erscheinung kommt. Das Verhältnis einer Tierart zu seinem hohen Geistwesen lässt sich vergleichen mit der Kraft, die für den einzelnen Menschen von seinem Ich ausgeht. Die hohe Tierwesenheit wirkt in den ihr unterstellten Tieren in einer vergleichbaren Art, wie das menschliche Ich sich in einem bestimmten Menschen offenbart. Diese hohen Geistwesen der Tiere stehen aber über dem einzelnen Menschen. Sie sind viel weisheitsvoller. Die einzelnen Tiere sind unmittelbar die Kinder dieser Engel. Und die Engel offenbaren sich durch sie, ihre Kinder, die Tiere.

Doch die Tierwesen haben auch für die Entwicklung des Menschen auf der Erde eine große Bedeutung. Die übersinnliche Beobachtung zeigt, wie schon erwähnt, dass die Tiere die Entwicklung des Menschen wesentlich mittragen. Jeder Mensch ist geistig von den Wesenheiten der Tiere umgeben. Er ist es dadurch, dass er einen physischen Leib hat. Tatsächlich ist festzustellen, dass die Gesamtheit der hohen Tierwesen einen tiefen Bezug zum menschlichen Leib hat. Das heißt, dass ihre Einflussnahme vor allem dann besteht, wenn die Seele im Körper inkarniert ist, also während des wachbewussten Zustandes. Im Schlaf treten sie auffallend zurück, während dann die Engel der Pflanzen ihre Wirkung entfalten. Die hohen Tierwesen wirken eher, während der Mensch wach ist, die hohen Pflanzenwesen eher, während er schläft. Die Tierwesen sind deshalb dem, der sie wahrzunehmen versteht, um einiges näher, als die Wesen einzelner Pflanzenarten. Es ist für die übersinnliche Wahrnehmung leichter, einen Eindruck von den Tierwesen zu erhalten als von den Pflanzenwesen. Sie sind nur wie durch einen kleinen Schritt, durch einen kleinen, beinahe unbedeutenden Raum von der menschlichen Seele getrennt. Sie stehen dem Menschen sehr nahe. Es scheint, als wären sie zu unmittelbaren Hütern seiner Seele bestellt.

Die Tiere haben dem Menschen gegenüber eine wesentliche Aufgabe. Sie nehmen ihm durch ihr Dasein die Arbeit ab, die er für sich und die Erde aus eigenen Kräften noch nicht leisten kann. Sie sind seine Stellvertreter in den Angelegenheiten, die ihm noch zu groß sind. Die Tiere nehmen das auf sich, was die Menschen noch nicht alleine bewältigen können. Sie bilden und erhalten Seelenräume, die der Mensch noch nicht gestalten kann, weil er die Kräfte dazu noch nicht entwickelt hat. Die Tiere sind durch ihre Organisation im Besitz dieser Kräfte und gehen vollständig in diesen Prozessen auf. Deshalb kann man auch sagen, dass der Mensch in den Tieren in einer organischen Form sein gesamtes Wesen schaut, das er bewusst noch nicht ergriffen hat. In diesem Sinn sind die Tiere sehr deutliche Zeichen. In ihren Lebensformen kann der Mensch die Kräfte und Fähigkeiten schauen, über die er einmal bewusst verfügen wird.

Die Tiere begleiten den Menschen durch die Entwicklung der Erde. Sie sind Träger wichtiger Fähigkeiten und Vermögen, die sie im Laufe dieser Entwicklung auf den Menschen übertragen. Sie tun dies auf geistigem Weg, weshalb man leicht übersieht, dass diese Vermittlung überhaupt stattfindet. So gesehen sind die Tiere um ihn als seine Seelengeschwister versammelt.

Das Wesen der Tiere offenbart sich dem aufmerksamen Beobachter durch seine Lebensart. Jedes Tier hat seine bestimmten Gebärden, bewegt sich auf ganz besondere Weise. Indem man diese studiert und innerlich nachvollzieht, eröffnet sich die Möglichkeit, das Wesen des Tieres zu erfassen. Man wird durch das Organ der inneren, der seelischen Wahrnehmung selber zu dem Tier, das man betrachtet. Dadurch gewinnt man einen Zugang zu dem geistigen Wesen, das durch das Tier spricht und wirksam ist. Physisches ist immer Ausdruck geistiger Wesenheiten, die durch die sinnlichen Formen sprechen und sich offenbaren. Geistiges ist im Physischen stets unmittelbar anwesend, anders könnte es gar nicht in Erscheinung treten. Bei den Tieren offenbart sich ihr Geistwesen in der körperlichen Gestalt und dem Gebärdenspiel ihrer Bewegungen. Ein Hund bewegt sich völlig anders als eine Katze. Sein Bewegungsbild kann dem Betrachter einen tiefen Eindruck von seinem geistigen Wesen vermitteln. Die Äußerungen des Tierlebens sind in jedem Fall unmittelbare Zeichen, die einen Zugang zum höheren Tierwesen ermöglichen. Dieses verbirgt sich viel weniger, als man vielleicht meint. Die Tiere sind Offenbarer ihres Wesens. Für die Welt der Pflanzen gilt das nicht im selben Maß. Das Wesen der Pflanzen ist für den aufmerksamen Betrachter viel schwerer zu erfassen. Um ihre Wachstumsgebärden zu entschlüsseln, braucht es eine stärkere Seelenkraft. Die Tiere machen dagegen viel weniger ein Geheimnis aus sich. Sie offenbaren sich willig dem, der ihre Offenbarungen sucht.

Jede Tierart kann dem Menschen im geistigen Sinn nur dienen, weil sie mit den anderen hohen Tierwesen eine Einheit bildet. Sie entfaltet ihre Geschwisterschaft mit den Menschen nur im Zusammenhang mit allen anderen Tieren. Das gilt auch für die Bienen. Im Folgenden wollen wir uns einigen Tieren zuwenden, die zu diesen in einem besonderen Verhältnis stehen. Es sind das die Wale, die Schweine, die Pferde, die Kühe, die Vögel, Schmetterlinge und Wespen. Es soll gezeigt werden, welche geistigen Zusammenhänge zwischen diesen Tieren und dem Menschen bestehen.

Das Tierwesen der *Wale* ist von sehr hoher Natur. Die Wale durchschwimmen die Weltmeere mit einem ganz bestimmten hohen Auftrag. Dieser zeigt sich dem, der sich dem Sinn ihrer Gesänge zu nähern weiß. Ihr Gesang ist Ausdruck ihres Auftrags. Er durchdringt die gesamte Erde, nicht nur die Meere, sondern auch die anderen Elemente. Eigentlich gibt es keinen Ort auf der Erde, der nicht von den Gesängen der Wale geistig berührt wird. Auch in der Luft, im Licht, in der Wärme und den Gesteinen lebt ein Widerhall dieser Gesänge. Versucht man sich auf das einzustellen, was in diesen Gesängen lebt, wird man gewahr, dass sie eine ganz wesentliche Bedeutung für den Zusammenhalt der Erde haben. Der Gesang der Wale hält die Erde zusammen. Es mag dies eine Vorstellung sein, die befremdet. Es ist aber durch geduldiges Üben möglich, den inneren Hörsinn für die alles durchdringenden Walgesänge zu entwickeln und die Botschaft der Wale zu erfassen. Man kann die Seele schulen, den Walen an jedem Ort der Erde zuzuhören. Ihre Botschaften können als eindeutig erlebt werden. Worin diese Botschaften bestehen, soll hier nicht ausgeführt werden. Nur so viel sei gesagt, dass die Wale von der Kraft sprechen oder vielmehr singen, die zum Frieden unter den Menschen führen soll.

Die *Schweine* sind Tiere, die tief mit den Prozessen der Wandlung, der Verwandlung verbunden sind. Sie offenbaren durch ihr Dasein, durch ihre Lebensweise das Prinzip der Verwandlung vollständig. In ihrem besonderen Blick ist diese Qualität gut zu erfassen. Er dringt auf den Grund des Lebens, vor allem jenes Lebens, das gefesselt, unfrei, erstarrt, fehlgeleitet ist. Ein Mut drückt sich im Blick der Schweine aus, der sie nicht an der Dunkelheit, am Unerlösten vorbeischauen lässt. Der übersinnlichen Wahrnehmung zeigt sich nun erstaunlicherweise, dass sie durch ihre Wesensart das Dunkle umwandeln, das vom Menschen herrührt. Sie befreien sich nicht nur selbst davon, indem sie es auf sich nehmen, sondern wandeln es auch für den Lebenskreis um, in dem sie sich befinden. Diese Umwandlung bedeutet aber, dass sie die Erde erlösen, auf der sie leben und die sie durchwühlen. Sie erlösen sie durch eine geistige Substanz, die sich durch die Umwandlung bildet, die durch sie vollzogen wird. Es fließt tatsächlich ein geistiger Substanzstrom von den Schweinen in die Erde. Das geschieht dann, wenn sie die Erde durchwühlen. Sie wandeln die Erde durch ihr Wühlen um. Sie übergeben dadurch dem Boden eine Art Heilmittel, durch die das Stück Erde, auf dem sie leben, genährt wird und gesundet. Es ist das ein elementares Geschehen. Dort, wo Schweine sich aufhalten, ist die Erde mit einer großen Anzahl von Elementarwesen durchsetzt, weil durch sie ein heilender Strom die Erde nährt. Voraussetzung für diese Verwandlungsarbeit der Schweine ist aber, dass sie vom Menschen gut gehalten und gepflegt werden und die Lebensbedingungen vorfinden, die sie brauchen. Sonst verbrauchen sie zu viel Kraft für sich selbst. Sie müssen vom Menschen davon entlastet werden, für sich selbst sorgen zu müssen. Dann können sie in Ruhe ihre Arbeit bewältigen.

Das *Pferd* ist ein Freund des Menschen. Es begleitet ihn auf seine Art schon seit Urzeiten, durch die Entwicklung der verschiedenen Kulturen hindurch. Es hat eine Würde, die sich auf den Menschen überträgt, auf ihn ausstrahlt. Dieser Einfluss der Pferde auf den Menschen besteht immer, egal ob Pferde in der Nähe sind oder nicht. Die gegenseitige Beeinflussung, der geistige Lebensstrom zwischen den Pferden und dem Menschen ist so lebendig, weil die Pferde und der Mensch einen derart langen gemeinsamen Weg haben. Es ist eine hohe Lebensenergie, die der Mensch durch das Wesen der Pferde in sich aufnimmt und verwirklicht. Die Gaben der Pferde an den Menschen betreffen die Fähigkeit, sich aufrecht in die Erdenbedingungen hineinzustellen. Sie hüllen gewissermaßen seine Wirbelsäule ein, bilden eine eiförmige Aura um die Wirbelsäule, eigentlich um jeden Wirbel, aus der heraus der Mensch die Aufrechte als seine eigene, ihm innewohnende Kraft erleben kann. Es ist tatsächlich das Pferd, das ihm die Gabe verleiht, aufrecht auf der Erde zu gehen. Das aber ist die Voraussetzung für die Fähigkeit zu denken, also die Verstandeskräfte zu gebrauchen. Von den Pferden, von ihrem höheren Wesen geht der Entwicklungsstrom aus, der über die Aufrechte hinführt zum Denken, zum Verstehen. Es liegt in den Pferden die Kraft zu jener Intelligenz, die sich im Menschen zeigt. Die Pferde besitzen sie, leben sie aber nicht aus, damit sie im Menschen aus dessen eigenen Kräften in Erscheinung treten kann.

Die *Kuh* ist in einer solchen Art der Erde zugeneigt, dass sie die ganze Erde in sich aufnimmt oder, wie man ebenso sagen könnte, von der Erde ganz aufgenommen wird. Sie verschmilzt mit ihr, mit dem Stück Erde, auf dem sie lebt, sie wird ein Teil von ihr. Sie wird es aber so, dass sie die Substanzen verwandelt, die sie von dem Flecken Erde in sich aufnimmt. Sie lässt diese Substanzen, die sie durch die Nahrung, aber auch durch die Atmung und durch die Sinne aufnimmt, so durch sich hindurchgehen, dass sie sie verwandelt, durch ihr Wesen eigentlich veredelt. Es findet durch die Verdauung der Kuh eine Erneuerung der Erde statt. Das macht sie so unersetzlich. Diese Verwandlungsarbeit zeigt sich konkret im substanziellen Geschehen. Die Erde erneuert sich durch die Kuh. Sie kann sich aber nur deshalb erneuern, weil die Kuh Trägerin jener Erde ist, die man die geistige, die verwandelte Erde nennen kann. Die Kuh ist in dem Sinn ein Tier der Erde, dass sie durch sich die heilige, die verwandelte und verwandelnde Erde offenbart. Diese Erde offenbart sich in der Kuh durch ihre Verdauung, drückt sich aber auch in ihrem gesamten Wesen aus. In dem Träumen, das sie umgibt, ist ein Leuchten wahrzunehmen, das von der geistigen

Erde stammt, die der physisch-sichtbaren zugrunde liegt. Es lebt diese Erde im einzigartigen Charakter dieses Tieres. Das geistige Wesen, das sich in den Kühen offenbart, gehört deshalb zu den sehr hochstehenden Tierwesenheiten.

Die *Vögel* werden beständig aus dem Licht und aus der Luft geboren. Sie sind die Kinder dieser beiden Elemente, und zwar sind sie es fortwährend. Sie sterben in das Licht und in die Luft hinein und werden aus dem Licht und aus der Luft heraus geboren, solange sie sind und fliegen und singen. Ihr Verhalten, ihr gesamtes Dasein ist Ausdruck des Hineinsterbens in diese beiden elementaren Kräfte und des Geborenwerdens aus ihnen heraus. Sie leben tatsächlich in der Nähe des Todes. Der Tod ist beständig um sie, sie tragen ihn an sich. Sie fliegen in den Tod und sie entrinnen ihm immer wieder. Das ist ihr Schicksal. Die Vögel sind wahrlich Tiere der Schwelle, die jeden Augenblick zu verschwinden drohen und auch tatsächlich verschwinden, also sterben, aber so rasch wiedergeboren werden, dass man gar nicht bemerkt, dass sie gestorben sind. Man kann beobachten, dass die Vögel sich in jedem Augenblick ihres Daseins hinter den Schleier der sinnlichen Wirklichkeit zurückziehen und jeden Augenblick ihres Daseins aus diesem Schleier, der zwischen sinnlicher und geistiger Welt gespannt ist, wieder hervorkommen. Deshalb sind sie Botenwesen für den Menschen. Und tatsächlich sprechen sie zum Menschen. Leise ist ihre Sprache, unmerklich, aber dennoch nicht ohne Wirkung. Die Vögel flüstern sozusagen, und ihr Gesang ist nichts anderes als ein Flüstern. Ihre Botschaften kommen aus dem Reich, das der Mensch gerade verlassen hat, wenn er aus dem Schlaf erwacht. Goldene Fäden sind ihre Gesänge, die sich verweben, damit das unsichtbare nicht vom sichtbaren Reich getrennt werden kann. Sie binden die sichtbare Erde an deren unsichtbare Schwester, die geistige Erde. Das Recht dazu haben sich die Vögel erworben, weil sie an der Schwelle des Todes leben. Sie haben deshalb immer zwei Gesichter, ein geistiges und ein sinnliches. Ihr Gesang, ihr Flug, ihr Dasein nähren die Erde und deren Wesen. Ein Teppich aus Licht sinkt durch sie herab auf die Erde und hüllt das ein, was in Gefahr ist, hüllenlos zu sein und die Verbindung zum eigenen geistigen Lebensfaden zu verlieren. Lebensfäden spinnen sie, durch die solche Wesen, die zu fallen drohen, wieder zu ihren geistigen Lebensquellen zurückfinden können. Was von den Vögeln stammt, fällt auf die Erde herab, damit das Gefallene wieder den Weg zum Licht findet. Somit sind sie Boten des lebendigen Lichtes.

Hohe, erhabene Geister umhüllen die *Schmetterlinge*. Die Schmetterlinge stehen in ihrem Schutz. Erst wenn sich der Mensch so weit und groß macht wie die Geistesmäntel, welche die geistige Welt um die Erde legt, gelangt er dorthin, wo die Schutzgeister der Schmetterlinge zu erleben sind. So zart und verspielt, so lichtverwandt und leicht die Schmetterlinge sind, so erhaben sind die Geister, die ihr Leben, ihren Flug geistig begleiten. Die Seele, die sich nicht ausdehnen kann bis zu den Grenzen der sichtbaren Welt, vermag das Wesen der Schmetterlinge nicht zu erfassen. An der Grenze der sinnlichen zur geistigen Welt, wo Geistesmäntel die Erde umhüllen, leben die Engel der Schmetterlinge. Was man von den Schmetterlingen sinnlich wahrnimmt, ist nur das winzige physische Zentrum ihres ganzen, umfassenden Wesens. Von den fliegenden Schmetterlingen steigt ein Licht hinauf in den Kosmos, das aufgefangen wird von den Engeln. Ihn ihren Wesenheiten sammelt sich dieses Licht. Es steigt auf durch die Luftschichten der Erde, bis es ankommt am Rand der obersten Schicht, wobei es durch Verwandlungsstufen hindurchgeht. Die Seelen der Verstorbenen und die auf die Erde niedersteigenden Seelen begegnen diesem von den Schmetterlingen aufsteigenden Licht. Die einen zieht es an goldenen Fäden aufwärts, die anderen hinab. Die Verwandlungsstufen des aufsteigenden Lichts der Schmetterlinge kennzeichnen die Verwandlungsstufen der kommenden und der gehenden menschlichen Seelen. Durch sie können sich die Seelen der Verstorbenen mit ihrem Schicksal versöhnen, indem sie in die Sphären des überirdischen Lichtes aufsteigen, wo sich ihre Seelenkleider erneuern, die nun nicht mehr aus physischer Materie bestehen, sondern aus Licht gewoben sind. Aber auch die sich inkarnierenden Seelen steigen durch diese Schichten herab und nähern sich darin der Erde und dem Schicksal, das auf sie wartet. Es lockt sie dieses Schicksal durch die Verwandlungsstufen des Lichtes, das gespeist wird durch die Schmetterlinge. Tiere der Hülle, der Erdenhülle sind die Schmetterlinge. Ihre Zartheit, ihre Farbigkeit und ihre Lebensweise deuten darauf hin, dass sie ihre geistigen Hüllen nicht nah bei sich haben, sondern dass sie durch diese eine Einheit bilden mit der Erde. Sie sind eins mit der Erde in einer Art, die man nur verstehen kann, wenn man sich Vorstellungen und Anschauungen zu bilden vermag von der geistigen Hüllengestalt der Erde.

Die *Wespe* ist ihrer geistigen Wesenheit nach eng mit dem verbunden, was der Mensch in sich erlebt als sein Verstandesdenken, seine an den äußeren Lebenstatsachen sich orientierende Intelligenz. Das heißt zunächst, dass die Wespe ein Spiegel ist für die Intelligenz des Menschen, eine Intelligenz, die sich aber im Materiellen erschöpft und in den Lebenstatsachen, die sich allein am Sinnlichen orientieren. Dieses Verstandesdenken bildet sich nun wesenhaft im Leben der Wespe ab.

Das zeigt sich etwa daran, dass den Wespen im Gegensatz zu den Bienen, der Zugang zu den Wärmeprozessen fehlt. Sie sind nicht wie die Biene in der Lage, Wärmeprozesse in sich hervorzurufen. Die Wespe erscheint mit Recht kalt. Es umgibt sie ein oberflächlicher, kühler, silbriger Glanz, der so ganz im Gegensatz steht zu dem, was von der Biene ausgeht und was man bezeichnen kann als das warme Leuchten der Bienenwesenheit. Es kommt dieser Gegensatz zwischen Biene und Wespe auch zum Ausdruck in den unterschiedlichen Materialien, die sie für den Bau ihrer Nester verwenden. Während die Wespe einen papierähnlichen Stoff herstellt und benutzt, bildet und verwendet die Biene Wachs. In dem Unterschied zwischen Papier und Wachs drückt sich der Gegensatz aus zwischen dem kühlen, silbrigen Wesen der Wespe und dem warmen, lichtvollen der Biene.

Es ist aber trotzdem nicht so, dass das, was die Wespe tut, ohne Bedeutung wäre für die Biene und ihre Aufgaben. Indem die Wespe als Tier den Druck auf sich nimmt, der durch die Vorherrschaft des Verstandesdenkens unter den Menschen auch auf den Bienen lastet, werden diese etwas davon befreit. Somit ist die Wespe ein Wesen, das die Biene umhüllt und schützt und so von ihr einen Teil der negativen Folgen des kühlen Verstandesdenkens wegnimmt, das die Menschen heutzutage mehr denn je praktizieren und tief in die Lebensvorgänge der Erde hineintragen. Die Biene kann durch die Wespe ihre Arbeit freier und unbelasteter tun. Aus diesen Ausführungen lässt sich ersehen, dass den Wespen berechtigterweise auch ein Teil des Honigs, den die Bienen herstellen, gehört.

III Mein Weg zu den Bienen

An einem bestimmten Punkt meiner persönlichen Entwicklung machte ich die überraschende Entdeckung, dass ich auf Fragen, die ich stellte, Antworten vernahm. Diese Antworten hörte ich so, wie ich sonst eigene Gedanken wahrnehme. Ich muss zugeben, dass ich dem, was ich so erfuhr, zuerst nicht traute. Man kann sich vorstellen, dass es Zeit brauchte, bis ich durch sorgfältige Prüfung die Gewissheit erlangte, eigene Gedanken von den Antworten, die ich wahrnahm, unterscheiden zu können. Schließlich begann ich, systematisch Fragen zu stellen. Besonders interessierten mich die Welt der Pflanzen und der Tiere und die Wesen der elementaren Welt. Ich wollte wissen, was für Geister die Bäume bewohnen und wie sie sich das Jahr hindurch verhalten. Ich stellte Fragen nach dem Wesen bestimmter Pflanzen, der Schmetterlinge und schließlich auch der Bienen. Die Antworten gaben mir Hinweise auf jene Wesen der elementaren Welt, die mit dem Bienenvolk zusammenarbeiten.

Ich muss einräumen, dass mich diese Antworten, die ich erhielt, beunruhigten, denn sie waren häufig sehr ungewöhnlich, ja geradezu unglaublich. Ich war in der ersten Zeit nicht in der Lage festzustellen, woher die Antworten kamen, ich hörte sie einfach und schrieb genau auf, was ich auf diese Weise erfuhr. Ich «sah» noch zu wenig genau. Wenn ich danach fragte, wer mir die Antworten eingebe, erfuhr ich, dass es bestimmte Elementarwesen seien. Erst mit der Zeit entwickelte sich das Vermögen, die Wesen zu schauen, die mir die Antworten zuraunten.

Es trat nun in dieser Anfangszeit die Situation ein, dass ich über die Elementarwesen, die mit den Bienen zusammenarbeiten, bereits sehr detailliert Bescheid wusste, aber konkret noch keine dieser Wesenheiten gesehen hatte. Ich wusste, dass ein Bienenvolk nur überlebensfähig ist, weil ganz bestimmte Elementarwesen zu seinem geistigen Organismus dazugehören. Ich wusste auch von einem Wesen, das man als das Hauptelementarwesen bezeichnen könnte, da es das gesamte elementare Geschehen in einem Bienenvolk repräsentiert. Meine Ausbildung, die nun begann, versah mich Schritt für Schritt mit der Fähigkeit, die Wesen auch wahrzunehmen, von deren Existenz ich schon wusste. Ich blieb den Antworten gegenüber jedoch sehr skeptisch, solange ich sie nur hörte, und zweifelte an ihrer Richtigkeit. Trotzdem schrieb ich getreulich auf, was ich vernahm, und füllte so viele Hefte. In dem Maße, wie ich die Elementarwesen auch sehen und mit ihnen in Kontakt treten konnte, verschwanden die Zweifel, denn so wurden die Antworten nun von einer anderen Seite bestätigt und vertieft. Zurückblickend staune ich über das Vertrauen, das mich vorantrieb. Ich forschte in der ersten Zeit, ohne mir über die Tragweite dessen, was ich tat, völlig im Klaren zu sein.

Mit der Zeit bekam ich mehr und mehr Kontakt zu den Wesen der elementaren Welt. Ich lernte eine Reihe von ihnen kennen. Auch die Elementarwesen des Bienenvolkes gehörten dazu. Dieser Kontakt half mir, die Bienen von einer ganz neuen Seite zu sehen. Ich machte Bekanntschaft mit dem wichtigen Elementarwesen, das alle anderen Elementarwesen des Bienenvolkes in sich zusammenfasst, und ich sah, wie es zwischen dem Volk und dem Imker steht. Es sorgt dafür, dass sich ein geistiger Raum bildet, in dem Mensch und Bienen sich begegnen können. Dieses Hauptelementarwesen der Bienen erhielt schließlich den Namen Bienerich. Bieneriche waren es auch, die mich über die Zusammenarbeit zwischen den Menschen und den Wesen der elementaren Welt aufklärten. Sie verrieten mir die Wünsche, welche die Elementarwesen den Menschen gegenüber haben. Mehr dazu findet sich in meinen Büchern «Schule der Elementarwesen» und «Botschaften der Elementarwesen». Ich bin immer wieder tief berührt davon, Elementarwesen über die Wünsche reden zu hören, die sie den Menschen gegenüber haben. Mich beeindruckt vor allem, dass diese Wünsche kein bisschen vermessen oder übertrieben sind. Es gibt viele Wesen der elementaren Welt, die den Ernst der Lage, in der sich die Erde befindet, erkennen. Sie leiden darunter, wie die Erde vom Menschen behandelt wird, und sie kennen auch die Mittel, wie diese Not gelindert werden kann. Es ist geradezu bestürzend, wie leicht die Methoden, die sie einem zur Milderung oder Behebung dieser Not nahelegen, anzuwenden sind. Es brauchte aus ihrer Sicht gar nicht viel von den einzelnen Menschen, damit sich der Zustand der Erde ändern würde, allerdings müsste unbedingt die Notwendigkeit begriffen werden. Es hat mit einer Entscheidung zu tun, die jeder Mensch nur für sich selbst treffen kann. Nur vom Individuum kann die Heilung der Erde und der sozialen Verhältnisse ausgehen! Darin sind sich die Elementarwesen, denen ich begegnet bin, einig. Ich habe versucht, diese Sichtweise in den beiden genannten Büchern über die Wesen der elementaren Welt darzustellen. Das ist ihr eigentliches Anliegen.

Es gibt einen für mich bedeutungsvollen Augenblick, der rückblickend gesehen der eigentliche Beginn meiner Forschung an den Bienen ist. Ich hatte die Begegnung mit einer Wesenheit aus der astralen Welt, die in eindeutigen Worten von der Not der Bienen zu mir sprach. Diese Begegnung fand nicht etwa an einem Bienenstock statt, sondern bei mir zuhause in meinem Zimmer. Es war das erste Mal, dass ich Besuch von einer Wesenheit dieser Art bekam. Es geschah im Jahr 2004. Ich erhielt die Aufforderung, mich eingehend mit dem Wesen der Bienen zu befassen. Was ich damals hörte, waren unter anderem diese Worte:

> Die Erde ist in Not. Sie braucht eure Hilfe. Sie ächzt unter dem Gewicht, das auf ihr liegt und das ihr vom Menschen aufgebürdet wurde und immer noch wird. Die Menschen

sind angehalten, Räume zu schaffen, Seelenräume, innere Räume der Wärme, des Lichts. Das ist eine Kunst, eine Lebenskunst, das Erschaffen dieser inneren Räume der Befreiung. Wo sie nicht stets von neuem geschaffen werden, da birst die Erde. Die Erde tut ihre Not kund, und eigentlich ist es eine Not der Menschen, die auf ihr leben. Die Bienen arbeiten und arbeiten an der Entschlackung der Erde. Denn es liegen in ihr Zonen der Dumpfheit, der Aufzehrung, der Trostlosigkeit. Davon muss sie befreit werden. Die Menschen können bei diesem Werk nur mithelfen, wenn sie es tun aus dem Erlebnis des inneren Friedens, des inneren Freiseins. Sie müssen ihr eigenes inneres Licht entdecken, wenn sie der Erde zu ihrer Durchlichtung verhelfen wollen. Schritte tun not.

Diese Sätze ließen mich aufhorchen. Die Veranlassung, mich die nächsten Jahre mit den Bienen zu befassen, hat seinen Ursprung im Inhalt dieser wenigen Sätze. Sie bilden den Keim meiner Arbeit. Ich hatte den Wunsch, diese Aussagen zu verstehen. Ich wusste einfach, dass sie wahr sind, verstand sie aber nicht. Die folgenden Jahre verwendete ich viel Zeit darauf, die Zusammenhänge kennenzulernen, die zwischen den Bienen, dem Menschen und der Erde bestehen.

Ich machte die Erfahrung, dass die Phänomene, die man an einem Bienenvolk wahrnehmen kann, nicht einfach zu deuten sind. Unter den Lebenserscheinungen eines Bienenvolkes lassen sich nur schwer die Gebärden finden, durch die sich ihr Wesen wie bei anderen Tieren unmittelbar offenbart. Ich musste erfahren, dass ein Bienenvolk ein äußerst komplexes Wesen ist, das sich dem Verständnis immer wieder entzieht. Geduld und Ausdauer sind deshalb notwendig, um das Wesen der Bienen zu verstehen. Während meiner Suche tauchten immer wieder drei Fragen auf, die ich dem Fortgang der Darstellung voranstellen möchte:

- Worin besteht das geistige Wesen der Königin, der Arbeiterin und der Drohne? In welchem Verhältnis stehen sie zueinander und zum Volk?
- Wie lässt sich die Weisheit des Bienenvolkes verstehen? Wo hat sie ihren Ursprung?
- Welche Bedeutung haben die Bienen für die Erde und für den Menschen?

Um Antworten auf diese Fragen zu finden, nahm ich mir vor, mich von dem Wesen der Bienen selber führen lassen. Ich wünschte, von ihm an die Hand genommen zu werden. Die dazu notwendigen Entscheidungen fielen mir zugegebenermaßen nicht immer leicht. Sich führen zu lassen bedeutet, die Hinweise, die man erhält, ernst zu nehmen und zu beherzigen. Ich habe in dieser Hinsicht immer wieder *viel* lernen müssen. Der Umgang mit Wesenheiten der geistigen Welt stellt den Menschen vor die Aufgabe, die Erkenntnisse, die er so gewinnt, in Übereinstimmung zu bringen mit seinen konkreten Lebensbedingungen. Das ist aber ein Übungsweg. Bis heute fühle ich mich diesbezüglich – und besonders vor den Bienen – als ein Lernender.

Von der großen Not wissend, in der die Bienen sich befinden, suchte ich natürlich nach Möglichkeiten, wie man diese lindern könnte. Ein Kreis von Imkern aus der Schweiz hat zusammen mit der deutschen Imkerin Margit Fregin und mir Anstrengungen in diese Richtung unternommen. Doch wurde ich zu meiner Überraschung von den geistigen Wesen der Bienen immer wieder dazu aufgefordert, diese Nachforschungen zurückzustellen und vorerst alles daranzusetzen, das Wesen der Bienen selbst zu verstehen. Die Begründung lautete, dass man nur das heilen kann, was man zutiefst versteht. Ich habe versucht, mich getreu an diese Aufforderung zu halten. Das ist der Grund, warum in diesem Buch nur sehr wenige konkrete Angaben enthalten sind, wie man den Bienen zur Gesundung verhelfen kann. Ich hege die Hoffnung, dass ein Verstehen des geistigen Wesens der Bienen und der Zusammenhänge, die zwischen den Bienen, den Menschen und der Erde bestehen, dazu führen wird, heilende Maßnahmen zu ersinnen. In den letzten Jahren konnte ich immer wieder Zeuge davon werden, dass von Imkerseite in dieser Richtung schon sehr viel unternommen wird.

Durch glückliche Umstände ist es mir in den Jahren 2011 und 2012 möglich geworden, die Ergebnisse meiner Forschungen vermehrt interessierten Imkern vorzustellen. Jedes dieser Seminare führte mich mit Menschen zusammen, die es sich zur Aufgabe gemacht haben, das Bienenwesen zu pflegen und zu unterstützen. Darunter sind nicht nur Imker, sondern auch andere Menschen, die sich für die Bienen interessieren. Es ist aus meiner Sicht wichtig, dass neben den konkreten Forschungsergebnissen Methoden aufgezeigt und gemeinsam geübt werden, die den Einzelnen in die Lage versetzen, selbst Erfahrungen zu machen, die ihm das geheimnisvolle Bienenwesen näherbringen. Die Übungen, die ich anrege, dienen dazu, sich innerlich mit bestimmten Aspekten des Bienenwesens zu verbinden und durch diese Verbindung neue Einsichten zu erhalten. In den Seminaren steht die meditative Arbeit im Vordergrund. Ich war anfangs sehr zurückhaltend damit, von meinen eigenen Forschungen zu berichten, weil es mir viel wichtiger erschien, die Teilnehmer darin zu unterstützen, zu eigenständigen Einsichten, auch in die geistigen Lebenszusammenhänge, zu kommen. Ich hatte regelrecht Scheu davor, mehr zu sagen, als von den Teilnehmern aus eigenen Erfahrungen verstanden werden konnte. Inzwischen bin ich in dieser Beziehung großzügiger und gesprächiger geworden. Die zahlreichen Seminare haben mir durch die lebendigen Schilderungen der Imker die Welt der Bienen immer wieder sehr nahe gebracht. Jedes Mal erfuhr ich viel Neues. Für die zahlreichen Begegnungen und Gespräche bin ich sehr dankbar.

Ein Ausspruch, den ich in den Vorträgen fand, die Rudolf Steiner vor den Arbeitern des Goetheanum über das Wesen der Bienen hielt, begleitet mich die Jahre über. Er hat mich vor allem dann darin bekräftigt, meine Forschungen weiterzutreiben, wenn ich glaubte, den Aufgaben nicht gewachsen zu sein.

Die Insekten lehren uns geradezu
das Allerhöchste in der Natur.[1]

IV Elementarwesen des Bienenvolkes

Der Bienerich

Mein eigener Weg zur Erforschung der Geheimnisse der Sinneswelt hat mich immer wieder zur Begegnung mit den Wesen der elementaren Welt geführt. So waren es auch die Elementarwesen der Bienen, die mich als Erste in die Geheimnisse der Bienen einführten. Die Begegnung mit ihnen habe ich ausführlich in dem Buch «Botschaften der Elementarwesen» beschrieben.

Die Elementarwesen erhalten und beseelen die Lebenssphäre der Erde. Für die Sinne nicht wahrnehmbar bewohnen sie die Elemente Erde, Wasser, Luft, Wärme und Licht. Jedes Lebewesen, eingeschlossen der Mensch, ist auf die Wirksamkeit dieser Wesenheiten angewiesen. Zu deren Aufgaben gehört es, die Tiere, die Pflanzen, die mineralischen Stoffe und den Menschen mit Lebenskräften zu durchdringen. Für die Bienen erfüllt diese Aufgabe der Bienerich.

Jedes Bienenvolk wird von einem hohen und fortgeschrittenen Wesen aus der elementaren Welt gehütet. Seine Anwesenheit in einem Bienenvolk ist notwendig, damit dieses existieren kann. Die Gegenwart jenes Wesens, des Bienerichs, schafft die Brücke zwischen dem Bienenvolk und der Welt der unmittelbar und unsichtbar wirksamen Lebenskräfte. Er bündelt als ein Wesen der elementaren Welt diese Kräfte, die dadurch dem Bienenvolk zur Verfügung stehen. Der Bienerich empfängt die für das Leben eines Bienenvolkes notwendigen Kräftewirksamkeiten und leitet sie an das Volk weiter.

Damit der Bienerich seine Aufgabe erfüllen kann, bietet er einer großen Zahl ganz bestimmter Elementarwesen, die für das Leben der Bienen notwendig sind, die Möglichkeit, in Gemeinschaft mit dem Bienenvolk zu leben. Man kann sich den Bienerich deshalb so vorstellen, dass er selbst aus sehr vielen Elementarwesen besteht. Mit Hilfe der übersinnlichen Beobachtung nimmt man im Bienenvolk die Elementarwesen wahr, die durch den Bienerich mit dem Volk verbunden sind und die ihn eigentlich ausfüllen. Er selbst macht sich vor allem durch einen bestimmten Bewusstseinszustand bemerkbar, durch den er eine Hülle bildet, in der die anderen Elementarwesen des Bienenvolkes wie geborgen sind.

Dieser Bewusstseinszustand ist das Resultat der Entwicklung, die seinem Dasein als Bienerich vorangegangen ist. Gleichzeitig ist er durch dieses Bewusstsein in der Lage, mit dem Menschen, vornehmlich mit dem Imker, in ein Verhältnis zu treten. Darin besteht seine zweite wesentliche Aufgabe. Einerseits ist er so weit entwickelt, dass er einen Raum zu bilden vermag, in dem sich bestimmte Elementarwesen, die für das Leben des Bienenvolkes unbedingt notwendig sind, dauerhaft aufhalten können. Andererseits bietet er durch sein Wesen die Gewähr, dass sich Imker und Bienenvolk nicht nur auf der physischen, sondern auch auf einer höheren Ebene begegnen können. Der Bienerich ist die Wesenheit, durch welche die Seele des Imkers der Seele des Bienenvolkes begegnet. Zu diesem Austausch kommt es auch dann, wenn der Imker von ihm gar nichts bewusst wahrnimmt. Er findet immer statt, wenn der Imker seine Bienenvölker besucht.

Einige Jahre lang kam es zu einer intensiven Zusammenarbeit mit Annamarie Graf Müller und Beat Müller. Sie lebten damals auf einem Hof südlich der Gegend, in der die drei Flüsse Aare, Reuss und Limmat zusammenfließen, die auch das Wasserschloss der Schweiz genannt wird. Der Hof liegt über dem Tal der Limmat, und man hat einen weiten Blick nach Norden. Inzwischen sind die beiden nur selten zu Gast in der Schweiz, denn sie leben und arbeiten die meiste Zeit in Peru.

Beat hatte ein Bienenhaus mit ungefähr sechs Völkern und noch einmal so viele freistehende Völker. An diesem Bienenhaus ereignete sich eine Begebenheit, die für mich eine besondere Bedeutung hat. Beat, Annamarie und ich saßen an einem schönen Sommertag auf der Bank vor dem Bienenhaus und unterhielten uns. Da bemerkte ich einen Bienerich, der vom Bienenhaus kam und sich zu uns gesellte. Er nahm zwischen uns auf der Bank Platz und begann sogleich zu plaudern. Ich sagte Annamarie, was ich hörte. Das war das erste Mal, dass ich das, was ich von den Elementarwesen erfuhr, unmittelbar für einen anwesenden Menschen übersetzte. Später geschah es immer wieder, hier aber fand es zum ersten Mal statt. Der Bienerich stellte der Bäuerin eine Reihe von Fragen, die ihn bewegten. Er erkundigte sich vor allem nach dem Honig. Er wollte wissen, wer denn den Honig, den sie abfüllte und verkaufte, bekomme. Er wusste nur, dass der Honig den Hof eines Tages verlässt, und es interessierte ihn sehr, was weiter damit geschah. Annamarie beantwortete seine Frage, so gut sie konnte. Er wollte wissen, wer den Honig verzehre. Annamarie schaute mich fragend an. Ich half ihr, indem ich sagte, sie solle von Kunden, die sie kenne, erzählen: wer sie seien, wo sie wohnten, einfach einige kurze Schilderungen geben. Ich bemerkte, dass der Bienerich eigentlich nur das verstand, was Annamarie selbst vor dem inneren Auge gegenwärtig hatte. Deshalb forderte ich sie auf, lebendig zu beschreiben. Sie tat es, und der Bienerich rückte ganz nahe an sie heran. Er wollte geschildert haben, was mit dem Honig in den Haushalten, die ihn gekauft hatten, geschieht. Wieder forderte ich Annamarie auf, nur recht anschaulich zu erzählen, wie der Honig gegessen und verwendet wird. Je lebendiger diese Bilder waren, um so größer auch die Wohltat, die der Bienerich dabei empfand.

Durch diese Begegnung wurde mir klar, dass der Bienerich recht wenig mit abstrakten Ausführungen anfangen kann. Er liest in der Seele des Sprechenden. Es sind nicht die Worte, es sind die inneren Bilder, durch die er versteht, was gemeint ist. Annamarie und ich waren beide beeindruckt von seinem Verlangen zu wissen, was mit dem Honig im Einzelnen geschieht. Er wollte sehr konkrete Auskünfte haben. Wir begriffen, dass er aus eigenen Anschauungen den Weg des Honigs nur bis zu einem bestimmten Punkt verfolgen konnte. Er war aber sehr daran interessiert, mehr zu erfahren und den Weg des Honigs bis zu seiner Verwendung zu verfolgen. Sein Interesse ging sogar noch weiter. Abschließend fragte er nach der Wirkung des Honigs, nachdem dieser vom Menschen verzehrt worden sei. Er wollte wissen, was damit im Körper des Menschen passiert. Doch ehe wir eine Antwort geben konnten, überraschte er uns selbst mit einer: «Das ist ja, vom Honig aus gesehen, eine Art Bienenkorb, nur umgekehrt.» Wir begriffen nicht, was er damit sagen wollte. Er fuhr fort: «Wenn der Honig im Menschen verschwindet, wird er wieder zu dem, was er einmal war. Er beginnt im Menschen zu blühen.» Darauf wussten wir nichts zu erwidern. Seine Worte gaben uns aber zu denken.

Beat wollte es sich zur Gewohnheit machen, mehr mit den Bienerichen seiner Völker zu reden. Ich ermunterte ihn dazu und sagte, er könne mit ihnen einfach reden wie mit guten Freunden. «Aber ich höre nicht, was sie mir sagen wollen», meinte er. «Das macht nichts», sagte ich, «ihr werdet schon Möglichkeiten finden, euch zu verstehen.»

Der Hüter des Bienenstandes

Jeder wird die besondere, anmutige Stimmung bemerken, die wahrzunehmen ist, wenn man sich einem Bienenstandort nähert. Manchmal ist diese Stimmung bereits zu spüren, bevor man überhaupt weiß, dass sich Bienenvölker in der Nähe befinden. Anfänglich glaubte ich, sie sei in einer Ausstrahlung begründet, die von den Bienenvölkern ausgeht. Dann machte ich aber die Entdeckung, dass jeder Ort, an dem sich Bienen befinden, von einem Elementarwesen gehütet wird.

Dieses Elementarwesen ist in der Art mit den Bienenvölkern verbunden, dass die Auren aller Völker eines Bienenstandes in seinem übersinnlichen Kleid enthalten sind. Dieses hohe Wesen segnet unentwegt die Völker. Es segnet aber auch den Umkreis und ebenso die Menschen, die zu den Bienen kommen. Seine Aura umhüllt den Ort des Bienenstandes weiträumig. Wenn man sich den Bienen mit wachem Empfinden nähert, kann man erleben, dass man in einem bestimmten Abstand wie an einen unsichtbaren Vorhang stößt. Man erlebt dann die übersinnliche Hülle, die durch den Hüter des Ortes gebildet wird.

Diese hohe Wesenheit der elementaren Welt gehört zu den zahllosen Wesen, welche die verschiedenen Orte in der Landschaft hüten. Sie befinden sich aber auch mitten in Dörfern und Städten oder über Seen und Flussläufen. Oft kann man beobachten, dass sie in alten, großen Bäumen leben. Auch über Brücken, die den Ursprung einer Siedlung bilden, erheben sie sich. Sie haben immer eine enge Verbindung zum Menschen. Sie verfolgen seine Entwicklung auf der Erde und besonders an dem Ort, den sie hüten. Deshalb haben sie große Kenntnisse vom Dasein des Menschen und seiner Entwicklung. Diese Elementarwesenmeister, wie man sie auch nennen kann, dienen der höheren Bestimmung, der geistigen Identität eines Ortes. Die anderen Elementarwesen des Ortes sind in ihr Wesen eingelassen, sie befinden sich in den zahlreichen geistigen Hüllen des Elementarwesenmeisters.

Durch dieses Hüterwesen wird der Ort zu einem Ort der Bienen. Dank ihm bildet sich ein Schutzkreis um die Bienenvölker. Die Bienenvölker und die mit ihnen verbundenen Elementarwesen, auch die Bieneriche, fügen sich durch sein Dasein in die Landschaft ein. Sie finden dadurch den Zugang zu den Wesen der Landschaft. Der Hüter ist das Tor zur Landschaft durch die Hülle, die er gibt. Geistige Hüllen in der Landschaft haben immer die dreifache Wirkung von Identität, Schutz und Einfügung.

Das Dasein dieser Wesenheit zeigt die große Bedeutung, welche die Bienen für die Landschaft haben. Die Bienen sind immer auch Wesen der Landschaft. Man kann auf diesen Zusammenhang gar nicht genug hinweisen. Die Bienen haben wichtige Aufgaben in Bezug auf die Landschaft, und die Landschaft hat einen großen Einfluss auf die Bienen. In diesem großen Geschehen, das zwischen der Landschaft und den Bienen stattfindet, sind die Elementarwesen natürlich mit eingeschlossen. Sie haben ganz wesentliche Aufgaben in diesem Zusammenspiel.

Die Wesenheit des Bienerichs steht sowohl mit dem Volk als auch mit dem Hüter des Bienenstandes in einer tiefen Verbindung. Man kann sich das so vorstellen, dass der Bienerich durch die Hülle des Hüterwesens in die geistige Wirklichkeit, die geistigen Wesen der Landschaft hineinschauen kann. Er schaut die Geister der Pflanzen, der Bäume, des Wassers, der Felsen und Gesteine. Er schaut auch die hohen Hüter der Landschaft, deren Auftrag es ist, über die einzelnen Wesen der elementaren Welt zu wachen. Er sieht die Spuren der Elementarwesen, die sie auf ihren Wanderungen hinterlassen. Denn es gibt viele sehr wanderfreudige Elementarwesen. Es gibt ganze Sippschaften, die auf Wanderschaft sind. Und er sieht in dem Panorama, das die Hülle des Hüterwesens vor ihm aufspannt, auch die Wesen, die ihr Leben auf der dunklen Seite des Daseins fristen müssen. Das sind Geschöpfe der elementaren Welt, die einst wichtige Aufgaben im Ganzen der Erde erfüllt haben, die aber durch den Einfluss des Menschen dazu verleitet wurden, von diesen Aufgaben abzulassen, und die nun in einem Zustand der Unerlöstheit, der Gefangenschaft leben.

Wie aber nimmt nun der Bienerich die Welt der Menschen wahr? Was erfährt er aus der Hülle, dem Kleid des Elementarwesenmeisters über die Menschen? Darüber, wie sich der Mensch als physisches Wesen zeigt, erfährt er reichlich wenig. Denn er ist ein Wesen ohne physische Sinne. Er schaut aber in die ätherische Welt. Er sieht deshalb weder die physischen Werke der Menschen noch ihr Äußeres. Dagegen nimmt er wahr, was von der Welt der Menschen in seine Welt hineinstrahlt. Er ist empfänglich für das Seelische, das Geistige der Menschen. Es ist nicht unwichtig zu wissen, dass die Wesen der elementaren Welt einer besonderen inneren Kraft bedürfen, damit sie in das Menschenreich schauen können. Denn wenn sie in die Welt der Menschen hineinschauen, kommt vieles auf sie zu, was für sie kaum zu ertragen ist. Lüge, Unwahrheit, Falschheit, Verstellung sind für sie unerträglich. Sie verstehen diese Seelenregungen nicht, weil sie nicht in ihrer Natur liegen. Es kostet sie viel Kraft, diese Dinge anzuschauen, und laugt sie aus. Es muss an dieser Stelle gesagt werden, dass man häufiger, als einem lieb ist, Bieneriche und andere Elementarwesen über die Menschen schimpfen hört, weil diese ihnen durch ihre unmoralische Art so viel zumuten. Gelernt haben sie das Schimpfen vom Menschen selbst.

Natürlich kann ein Mensch, der sich der Natur zuwendet und ihren Wesen mit Achtung und Aufmerksamkeit begegnet, etwas hervorrufen, was für die Wesen der elementaren Welt einen Zuwachs an Frieden und Seligkeit bedeutet. Als Mensch kann man die Wesen der elementaren Welt sehr glücklich machen. Das hat damit zu tun, dass die Erde ihr Leib ist. Sie sind mit der Erde so verbunden, wie wir es mit unserem Körper sind. Deshalb erleben sie das, was der Mensch auf der Erde tut, so, wie wenn es an ihrem Leib geschieht. Die Wesen der elementaren Welt nehmen das geistig auf sich, was die Menschen auf und mit der Erde tun. Sie sind die Erde, und es bleibt ihnen gar nichts anderes übrig, als das auf sich zu nehmen, was vom Menschen auf sie zukommt. Dadurch aber, dass sie dies tun, verändern sie sich. Im schlimmsten Fall sind sie gezwungen, sich von ihren ursprünglichen Aufgaben, die ihnen zugeteilt wurden, abzuwenden. Liebende Aufmerksamkeit ist für sie eine Wohltat, von der sie lange zehren können. Weil sie die Taten der Menschen geistig erleben, können diese Taten sie auch nähren.

Der Hüter des Bienenstandes und der Imker

Der den Bienenstand hütende Elementarwesenmeister unterhält aber auch eine Beziehung zum Menschen, dem die Bienen gehören. Besitzverhältnisse haben für die Wesen der geistigen Welt eine wichtige Bedeutung. Sobald ein Mensch etwas besitzt, ist er vor der geistigen Welt dafür verantwortlich. Durch den Hüter steht die Seele des Besitzers, des Imkers, mit den Bienen in einem engen Kontakt. Der Imker begegnet ihm nachts im Schlaf. Die geistige Realität des Besitzes von Land oder von Bienenvölkern zeigt sich darin, dass es in der Nacht, im Schlafbereich, zu Begegnungen zwischen dem Besitzer und den geistigen Wesen kommt, die mit dem Besitz zusammenhängen. Das geht nun so weit, dass der Hüter des Bienenstandortes mit der Seele des Menschen zusammenarbeitet und bestimmte Eigenschaften in sie hineinlegt. Man kann sagen, er legt seinem Menschen Bienengold in das schlafende Wesen, denn er überträgt ihm Bieneneigenschaften. Diese Eigenschaften lassen sich benennen. Es sind die Seeleneigenschaften der inneren Ruhe, der Gelassenheit, des Wartenkönnens auf den richtigen Zeitpunkt und der rechten Balance zwischen Loslassen und Tun. Die Bieneneigenschaften, die dieser hohe Hüter dem Imker im Schlaf in die Seele legt, lassen sich in einem Satz zusammenfassen: «Zur Hälfte ist das Tun Loslassen und das Loslassen Tun!» Womöglich findet der eine oder andere Imker in sich diese Eigenschaften. Er verdankt sie vielleicht seinen Bienen.

V Die Bienenkönigin

Der Hochzeitsflug der Bienenkönigin

Wenn man es sich zur Aufgabe macht, das Wesen der Bienenkönigin mit den Mitteln der übersinnlichen Beobachtung zu untersuchen, wird man die Erfahrung machen, dass man es mit einem recht vielschichtigen Wesen zu tun hat. Dieses Wesen gibt viele Rätsel auf, die es notwendig machen, sich ihm gründlich zu widmen, denn es offenbart sich nur zurückhaltend und verlangt vom Forscher viel Geduld.

Jedes Volk hat nur eine Königin, aber Tausende von Arbeiterinnen und Drohnen. Die Königin legt die Eier, aus denen das gesamte Volk hervorgeht. Tatsächlich stammen alle übrigen Bienen, Drohnen wie Arbeiterinnen, von ihr ab. Man kann deshalb sagen, dass sie die Mutter des gesamten Volkes ist. Sie hat eine viel längere Lebenszeit als die anderen Bienen. Ihr Leben bemisst sich nach Jahren, das der Arbeiterinnen und Drohnen nach Wochen. Dies mag genügen, um die herausragende Stellung der Bienenkönigin in ihrem Volk zu verdeutlichen.

In der Regel verlässt die Königin einmal im Jahr ihr Volk, indem sie mit einem Teil davon einen Schwarm bildet und aus dem Bienenstock auszieht. Aus diesem Schwarm entsteht ein neues Volk.

Die wesentlichste Aufgabe der Königin besteht darin, den Fortbestand des Volkes zu sichern. Dafür legt sie zeitweise täglich über tausend Eier. Das bedeutet, dass sie während der Legezeit beinahe ununterbrochen Eier in die dafür vorgesehenen Zellen legt. So zieht sie über die Waben des Bienenbaus, immer von Bienen begleitet, die sie führen, füttern und sich um die gelegten Eier kümmern. Sie kann während ihres gesamten Lebens ihre Bedürfnisse nicht selber befriedigen und muss deshalb beständig von Arbeiterinnen gefüttert werden.

Der Hochzeitsflug der Bienenkönigin hat sowohl für sie als auch für das Volk eine sehr große Bedeutung. Während des

Hochzeitsfluges paart sich die Königin mit Drohnen außerhalb des Bienenstocks. Abgesehen vom Schwärmen verlässt sie diesen nur, wenn sie den einmaligen Hochzeitsflug unternimmt. Sonst verbringt sie ihr Leben ausschließlich im Bienenstock.

Der Hochzeitsflug findet in den warmen Monaten der ersten Jahreshälfte statt, und zwar in den Mittagsstunden. Die Königin fliegt nur bei sonnigem Wetter. Die Luft muss vom Licht durchflutet sein. Sie wird von einer kleinen Anzahl von Arbeiterinnen ihres eigenen Volkes begleitet und fliegt zu einem Drohnensammelplatz. An diesen Plätzen versammelt sich an warmen Tagen eine große Anzahl von Drohnen aus den Bienenstöcken der Umgebung und erwartet die jungen Königinnen. Wenn eine Königin herbeifliegt, verfolgen sie einige von ihrem Duft angelockte Drohnen und paaren sich mit ihr in der Luft. Es sind stets mehrere Drohnen, die so die Königin begatten. Die Drohnen, denen das gelingt, sterben dabei. Danach kehrt die Königin in ihr Volk zurück. Sie beginnt sofort oder nach Ablauf einiger Tage mit der Eiablage. Während der kalten Jahreszeit ruht die Legearbeit. Das Volk schart sich eng zusammen, zur sogenannten Wintertraube. Sobald es wieder wärmer wird, in der Regel im Februar, fängt die Königin von neuem an, Eier zu legen.

Im Hochzeitsflug offenbart sich die Hinwendung der Bienenkönigin zum Licht der Sonne. Durch diesen Flug erlangt sie die Fähigkeit, das Volk zu erneuern. Sie wird zur Mutter eines neuen Volkes.

Verfolgt man das Geschehen des Hochzeitsflugs, indem man auf das achtet, was sich dabei übersinnlich ereignet, kann man wahrnehmen, dass die Königin während der Begattung nicht nur auf die Sonne zu, sondern geradezu in sie hinein fliegt. Das ist tatsächlich ein erstaunlicher Befund. Geistig löst sich die Königin während der Paarung mit den Drohnen in der Sonne auf. Man hat dabei den Eindruck, die Königin verbrenne geistig.

Ihr Wesen gibt sich dem Licht hin, es verschmilzt mit dem Sonnenlicht. Eine gewisse Zeit ist das Wesen der Königin deshalb geistig nicht mehr zu beobachten. Während dieses Geschehens vermählt sich die Bienenkönigin mit dem geistigen Urbild der Bienen. Dazu ist es notwendig, dass sie sich zuvor mit den Drohnen physisch vereinigt. Diese Vereinigung befähigt die Königin, sich der Sonne hinzugeben. Die Wesensart der Drohnen ist notwendig, damit die Königin dieses Urbild empfangen kann. Zugleich aber hindert das Wesen der Drohnen die Königin daran, sich völlig dem Sonnenlicht hinzugeben. Die Drohnen bewahren sie vor dem Sonnentod.

Die Hingabe der Königin an das Sonnenlicht bedeutet, dass sie eine gewaltige Öffnung zum Kosmos hin vollzieht. Sie weitet sich in einer Weise, dass es scheint, als ob sie im Licht der Sonne vergehe. Dadurch wird sie fähig, das in sich aufzunehmen, was sie zur Mutter ihres Volkes werden lässt; sie kann nun mit der Legearbeit beginnen.

Durch den Hochzeitsflug wird die Berufung der Königin Wirklichkeit. Dadurch, dass sie sich ganz dem Sonnenlicht hingibt, erhält sie ihre «Krone». Es ist das Durchdrungenwerden vom hohen Wesen der Sonne, das sie dazu befähigt, ihren Dienst für das Volk zu erfüllen.

Der Winterweg der Bienenkönigin

Im Gefolge der Begegnung mit der Wesenheit, die mich im Jahre 2004 über die Not der Erde, der Bienen und der Menschen unterrichtete, erhielt ich eine Reihe von weiteren Botschaften zu bestimmten Aspekten des Bienenwesens. Mitteilungen dieser Art waren für mich zu diesem Zeitpunkt nichts Ungewohntes mehr. Ich hatte gelernt, damit umzugehen. Fleißig schrieb ich auf, was ich geistig zu hören bekam. Während eines Zeitraums von ungefähr zwei Jahren sammelte ich diese Botschaften über die geistigen Zusammenhänge, in denen die Bienen leben. Einige, wie die folgende, betrafen die Bienenkönigin:

> Die Bienenkönigin ist ein aus der höchsten Liebe des Kosmos geborenes Wesen. Ihr kommt vom Kosmos eine ähnliche Liebe zu, wie sie dem Menschen zukommt. Die Bienenkönigin liebt ihre Bienen in einer ähnlichen Weise, wie die hohen Wesen des Kosmos den Menschen lieben. Sie ist ein unschuldig unschuldig unschuldiges Wesen. Sie ist der Mittelpunkt der Liebe, das Vorbild der Liebe, der Gleichklang der Liebe, die Harmonie der Liebe.
>
> Im September verabschiedet sie sich. Sie geht dann. Sie geht zur Mutter der äußeren Sonne. Dahin geht sie, wo der Frieden in der Sonne ist. In den Frieden geht sie, um den Frieden zu zeugen, der da ist, der aber noch nicht auf der Erde angekommen ist. Noch gibt es eine Friedenssehnsucht der Menschen nach der äußeren Sonne, die dieselbe ist wie die innere Sonne der Erde. Oh Friede, oh Friede, oh Friedenssehnsucht des Menschen!
>
> Dieser Friede lebt zutiefst in der menschlichen Seele, lebt verborgen und hat sich noch nicht erfüllen können. Die Bienenkönigin geht auf ihrem Weg zur inneren Sonne der

Erde diesen Frieden suchen. Sie geht den Erfüllungsweg der Sehnsucht der Menschen nach dem Frieden. Könnten die Menschen der Königin folgen, wäre ihre Sehnsucht gestillt. Sie geht den Winterweg und nimmt die Menschen, die dazu gewillt sind, geistig an die Hand, damit sie den Weg finden in das ewige Land des Friedens. Folgen die Menschen ihren Friedenssehnsüchten, dann folgen sie der Bienenkönigin auf ihrem Wunderweg in die helle Nacht der Wintererde, auf ihrem Herrlichkeitsweg zum Frieden der Erde.

Für die zurückbleibenden Bienchen bedeutet der Weggang ihrer Königin so viel wie der Tod der Königin. Aber das Licht der Erde leuchtet durch ihren Tod zu ihnen hin. Ihr Ziel leuchtet die zurückbleibenden Bienchen an. Die Bienchen nehmen das Leuchten der Erde wahr. Sie erleben einen Abglanz der Verwandlung, die mit ihrer Königin vor sich geht. Durch die zurückbleibende körperliche Hülle der Königin gewahren sie den Winterweg der Königin als Lichterscheinungen im Volk. Die Königin lässt ihre Kinder nicht allein, auch wenn sie in die Erde einzieht. Gerade dieses Wegziehen der Königin ist die Voraussetzung dafür, dass die Wintertraube gebildet werden kann.

Die Bienen gruppieren sich in der Wintertraube äußerlich betrachtet um den physischen Leib der Königin, innerlich geschaut aber um das geistige Geschehen, das mit dem Königinnenwesen im Erdinnern vor sich geht. So gesehen ist der Mittelpunkt der Wintertraube der Mittelpunkt der Erde. Der Kern der Erde ist das Gold. Das Bienengold, das unter anderem in den Substanzprozessen sichtbar wird, ist das Erdengold der mitternächtlichen Sonne, der Weihnachtssonne, der Sonne der Nacht.

Diese Botschaft empfing ich während der Forschungsarbeit mit Markus Sieber. Wir fanden, obwohl es schon Mitte September war, noch einen kleinen Schwarm. Er hatte sich in Kopfhöhe auf einem Zaunpfahl niedergelassen. Während wir den Schwarm betrachteten, gaben die Bienen für einen kurzen Zeitraum den Blick auf ihre Königin frei. Nachdem der Schwarm eingefangen war und in einer kleinen Kiste neben uns ruhte, hörte ich die oben wiedergegebene Botschaft, durch die ich das erste Mal vom Winterweg der Bienenkönigin vernahm. Im folgenden Winter machte ich mich an die Arbeit, diese Worte zu verstehen.

Schon nach Johanni beginnt sich das Volk auf die dunkle Zeit des Jahres vorzubereiten und Vorräte anzulegen. Wenn es kälter wird, zieht es sich zur Wintertraube zusammen. Dazu schrumpft das Volk. Es besteht nur noch aus den Winterbienen, die so lange leben, bis im neuen Jahr die ersten Bienen wieder schlüpfen. Bis diese Jungbienen dazu bereit sind, vollbringen die alten Winterbienen die nötigen Arbeiten, um das Volk zu erhalten. Die Winterbienen haben aber auch die Aufgabe, die Königin während der kalten Zeit des Jahres zu behüten. Die Traube, die sie bilden, dient dazu, die Königin, aber auch das gesamte Volk, vor der großen Kälte zu schützen. Die Königin überlebt den Winter in der Mitte der Wintertraube, in der Obhut ihres Volkes.

Für die übersinnliche Beobachtung ist es unverkennbar, dass im Herbst mit dem Wesen der Bienenkönigin eine Verwandlung vor sich geht. Im Herbst und anschließenden Winter bildet sie mit ihrem Körper nicht die gleiche Einheit wie im Frühling und Sommer. Ich habe diese Beobachtung viele Male geprüft, bis ich schließlich Gewissheit hatte. Ich konnte sehen, dass das Wesen der Königin sich vom Körper trennt. Der Körper bleibt als Hülle zurück. Diese ist es, die von den Winterbienen gehütet wird, während das innere Wesen der Königin entschlüpft und in einen anderen Zustand eintritt.

Doch wohin wendet sich das Wesen der Bienenkönigin, nachdem es den Körper verlassen hat? In welchen Zustand geht es über? Ich versuchte, den Weg der Königin zu verfolgen. Mit der Zeit erkannte ich, dass ihr Wesen in die Erde sinkt. Ihre Seelenwesenheit löst sich vom Körper und vereinigt sich mit der Erde.

Die Loslösung der Seelenwesenheit der Königin von ihrem Körper findet in unseren Breiten im Monat September statt. Übersinnlich lässt sich beobachten, dass in den folgenden rund sechs Monaten ihre Seelenwesenheit mit der Erde verbunden bleibt. Erst zu Ostern zieht diese wieder in ihren Körper ein, der in der Zwischenzeit vom Volk gehütet worden ist. Die Seele der Bienenkönigin bewohnt in der dunklen Jahreshälfte die Erde, so wie sie in der hellen unter ihrem Volk lebt. Sie vertauscht, wenn sie sich im September aus ihrem Volk löst, die Wohnstätte im Bienenvolk mit der Wohnstätte der inneren Erde. Im Frühling, zur Osterzeit, steigt sie aus der Erde auf und bewohnt wieder ihr Volk.

Sobald sich das Seelenwesen der Königin aus ihrem Volk gelöst hat, beginnt sie eine Wanderung, die sie in immer tiefere geistige Schichten der Erde führt. Dabei verbindet sie sich fortschreitend mit immer höheren Geistwesen. Je tiefer sie in die Erde dringt, desto höherstehende Wesenheiten der geistigen Welt nehmen sie auf. Diese Wesenheiten haben die Aufgabe, den Erdenplaneten in seinem Innersten zu beleben und zu bilden.

Während dieses Vorgangs ist zu beobachten, dass die Wesen der verschiedenen Bienenköniginnen zu einer Einheit verschmelzen. Die sich bildende Wesenheit vereinigt sich schließlich mit der Mitte der Erde. Das heißt, sie begegnet der Mitternachtssonne. Sie vereinigt sich mit dem Lebenslicht der Erde. Dadurch nimmt sie teil an der Urlebenskraft der Erde. Man kann auch sagen, dass die Bienenköniginnen, indem sie durch die geistigen Schichten der Erde hinabsteigen, das Weihnachtsgeschehen der Erde mitmachen. Während der Zeit der dreizehn Heiligen Nächte zwischen den Jahren schauen sie in das tiefe Geheimnis der Erdenweihnacht.

Auch wenn sich das Bienenvolk in der Wintertraube um den zurückbleibenden physischen Leib der Königin gruppiert, heißt das nicht, dass das Volk kein Erleben hätte von dem, was mit dem Wesen ihrer Königin geistig vor sich geht. Das Volk schaut die Verwandlung ihrer Königin auf dem Weg durch die Erde. Es schaut diesen Vorgang durch das Leuchten, das von der Körperhülle der Königin fortwährend ausgeht. Dieses Leuchten veranlasst das Volk unter anderem, die Wintertraube nicht aufzugeben. Es verlöre sein innerstes Licht, wenn sich die Wintertraube auflösen würde. So gesehen ist der Mittelpunkt der Erde das Zentrum, um das sich die Wintertraube herumlegt. Die Winterbienen verlieren die Seele ihrer Königin, gewinnen dadurch aber das Licht der innersten Erde.

Die Bienenköniginnen begegnen in der Erdenmitte einer Wesenheit, die man das Kind der Erde nennen kann. Dieses erhabene Wesen wird seinerseits von hohen Engelwesenheiten gehütet. So wie es in dem Licht dieser Engel steht, stehen sie in seinem. In der Weihnachtszeit tritt eine große Anzahl geistiger Wesenheiten vor dieses Kind hin. Sie lassen sich von dem inneren Licht der Erde bescheinen, indem sie dem Erdenkind begegnen. Sie werden zu dem Geheimnis der Erdenweihnacht geführt. Dadurch wird ihnen ein hoher Segen zuteil. Dieses Geschehen findet in der Zeit der Heiligen Nächte statt. Die geistigen Wesen der Pflanzen und der Tiere, aber auch Elementarwesen und Engel finden in dieser Zeit den Weg zum Kind der Erde. Und auch die Seelen der Menschen können ihm in dieser heiligen Zeit nahekommen. Sie alle treten vor das Kind hin und stehen für eine gewisse Zeit in seinem Licht und werden von seinem Wesen erfüllt.

Von dem Kind der Erde erhalten die Bienenköniginnen einen Segensgruß, der an die Bienenvölker gerichtet ist und den sie zu ihnen hinauftragen. Die Bienenkönigin, die wieder in ihr Volk aufsteigt, gibt diesem weiter, was sie dadurch empfangen hat, dass sie sich in ihrem Jahreszyklus mit der geistigen Erde vereinigte.

Es soll nicht unerwähnt bleiben, dass die Erde in ihrem Inneren nicht nur hell ist. Dieses Innere ist auch von Wesenheiten erfüllt, die der Finsternis angehören. Die Bienenkönigin ist auf ihrem Weg durch die Erde weitgehend vor ihnen geschützt. Sie schaut diese Wesen der Dunkelheit, sie vereinigt sich aber nicht mit ihnen.

Zur Osterzeit kehrt die Bienenkönigin in ihr Volk zurück. Meine Beobachtung hat sich immer wieder bestätigt, dass sich die Wiederkunft der Königin in der Osternacht vollzieht. Dies ist für das Bienenvolk ein besonderer Augenblick: Die ausgezogene Königin kehrt wieder.

Die Bienenkönigin lässt das Volk an den Erfahrungen ihres Weges durch die Erde teilhaben. Sie tut das, indem sie das Licht der inneren Sonne der Erde in ihr Volk bringt. Das Volk erstrahlt in dem Licht, das die Königin heraufbringt. Es wird durch die zurückgekehrte Königin in das Lebenslicht der innersten Erde getaucht, vereinigt sich damit. Jede Biene wird in dieses Licht getaucht, von diesem Licht umhüllt. Wie ein Lebensschmelz legt es sich um die vielen Bienenkörper. Die Einheit zwischen dem Volk und seiner Königin ist wieder hergestellt, der Bund durch das Licht der innersten, der winterlichen Erde wieder geschlossen.

Dieses Licht bildet die Einheit zwischen dem Volk und seiner Königin. Man kann sagen, dass die Bienen sich durch dieses Licht als ein zusammengehöriges Wesen, als ein Volk erleben. Dieses einende Licht umhüllt sowohl die einzelne Biene als auch das gesamte Volk und erneuert sich jährlich durch die Wiederkunft der Königin.

Die übersinnliche Beobachtung zeigt, dass die Bienenkönigin zeitlebens eine starke Neigung zum Wesen des Lichts und der Sonne hat. Sie ist das Bienenwesen, das mit der Sonne und ihren Rhythmen am stärksten verbunden ist. Der Wechsel zwischen Tag und Nacht und der Gang der Sonne durch das Jahr haben auf sie einen großen Einfluss. Man kann sagen, dass die Bienenkönigin immer ein Kind der Sonne bleibt. Übersinnlich ist zu beobachten, dass sie den Gang der Sonne durchs Jahr mitmacht. Die geistige Wesenheit der Bienenkönigin zieht mit der Sonne durch den Tierkreis. Durch diesen Gang durch die Welt der Sterne gewinnt sie die Würde und die Kraft für die Aufgaben, die sie zu erfüllen hat. Man kann das Wesen der Bienenkönigin nicht wirklich verstehen, wenn man nicht auch ein Gefühl bekommt für die kosmische Ausdehnung ihres Wesens. Die Bienenkönigin ist nicht nur mit dem Bienenvolk verbunden. Ihre Wesenheit hat eine Dimension, durch die sie sich bis in die Sternenwelt hinein erstreckt. Ihr Wesen verstehen zu wollen ist an die Voraussetzung geknüpft, sich für das öffnen zu können, was aus dem Kosmos auf das Bienenvolk einwirkt. Die Bienenkönigin ist empfänglich für die Wesensqualitäten des Tierkreises.

Für die Bienenkönigin hat die Nacht die Bedeutung eines kleinen Winters und der Tag die eines kleinen Sommers. Das heißt, dass jede Nacht für sie ein Nachklang dessen ist, was sie im Winter in der Erde erlebt. Wenn man zu ergründen versucht, was die Nacht für die Königin bedeutet, wird man die Erfahrung machen, dass die Erde für sie leuchtend wird. Sie begegnet der Mitternachtssonne der Erde. Die Königin ist in der Nacht mit der Sonne verbunden, die für die sinnliche Erfahrung hinter dem Horizont verschwindet. Sie schaut sie aber nicht nur, sondern sie betritt sie, sie bewohnt die Mitternachtssonne jede Nacht. Durch die Königin wird das Bienenvolk von diesem nächtlichen Licht durchdrungen. Sie lebt das Wandlungsgeschehen der Sonne, ihre Wanderungen mit. Das Sonnengeheimnis führt zu ihrem Wesen.

Die Bienenkönigin verbringt ihr Leben weitgehend im Verborgenen. Sie ist auf den Schutz durch das Volk angewiesen, und ihr Erscheinen außerhalb desselben ist eine Ausnahme. Das heißt aber nicht, dass der Jahreszyklus für die Bienenkönigin bedeutungslos wäre. Sie ist einfach in einer anderen Art in den Gang des Jahres eingebettet als das übrige Volk.

Das Bienenvolk ist in seinem gesamten Verhalten ein Ausdruck des jahreszeitlichen Rhythmus. Es vollführt in seiner Entwicklung eine dem Jahreslauf entsprechende Atembewegung. Auf die Königin wirkt der Jahreslauf anders, sie ist dem jährlichen Rhythmus der Erde eher geistig ausgesetzt. Das Verhältnis der Bienenkönigin zu ihrem Volk besteht gerade darin, dass sie den Durchgang durch den Jahreskreis geistig vollzieht, während das Volk viel stärker eingebunden ist in die substanziellen Vorgänge und Prozesse. Somit stellt die Bienenkönigin, wenn man ihren Durchgang durch das Jahr anschaut, das geistige Vorbild dessen dar, was das Volk im Jahreslauf durchlebt. Aus diesem Zusammenhang wird ersichtlich, wie die Bienenkönigin und das Volk zueinander stehen. Sie ergänzen sich in dem Sinne, dass die Königin in Bezug auf den Jahreszyklus den geistigen Grund darstellt, auf dem das Volk sein ihm eigenes Leben erst entwickeln kann.

Die Bienenkönigin ist zutiefst mit dem Licht der Sonne verbunden. Deutlich zeigt sich das, wenn man sie auf ihrem Hochzeitsflug geistig verfolgt. Sie gibt sich dem Licht hin, um ihrem Volk zu dienen. Was sie durch dieses innige Einssein mit dem Sonnenlicht gewinnt, gibt sie an ihr Volk weiter, ihre Legetätigkeit bildet die Lebensgrundlage des Volkes. Wir haben aber auch gesehen, dass die Königin dem Licht, das geistig im Innern der Erde leuchtet, tief verbunden ist. Im Tiefwinter, wenn sich das Volk in der Wintertraube befindet, erfüllt sie sich mit diesem Lebenslicht der Erde.

Indem man die Beziehung des Königinnenwesens zum Licht in diese beiden Richtungen verfolgt, erkennt man die beiden Pole, zwischen die das Dasein des Bienenvolkes gespannt ist. Dadurch, dass die Bienenkönigin sich alljährlich mit den Kräften und dem Licht der inneren Erde und einmalig mit den Kräften der äußeren Sonne verbindet, wird der geistige Raum erschaffen, in dem sich das Bienenwesen aufhält und entfaltet. Die Wirksamkeit der Bienen für die Erde und für den Menschen beruht darauf, dass die Bienenkönigin sich sowohl der äußeren, physischen Sonne als auch der inneren Sonne, der Erdensonne, hingibt. In den Bienen, in der einzelnen Arbeiterbiene, der Drohne und dem gesamten Volk, spielt diese Kräftepolarität, die das Wesen der Bienenkönig umfasst, eine wesentliche Rolle.

Der Hochzeitsflug ermöglicht der Bienenkönigin, das Volk physisch hervorzubringen. Sie nimmt das geistige Urbild der Bienen auf. Die Qualität zu erkennen, die dem Volk durch den Winterweg der Königin zukommt, ist viel schwieriger. Einen Eindruck von dieser Qualität kann man erhalten, wenn man auf das Geschehen schaut, das sich zwischen der Königin und den Bienen abspielt, welche die Königin unablässig umgeben, dem sogenannten Hofstaat. Die Bienenkönigin wird von ihrem Volk gefüttert. Sie bekommt ihre Nahrung aus einer besonderen Drüse der Arbeiterinnen des Hofstaats. Diesem besonderen physischen Nahrungsstrom von den Arbeiterinnen zu ihrer Königin entspricht ein geistiger Strom von der Königin zu den Arbeiterinnen. Durch diesen geistigen Strom dehnt sich das Wesen der Bienenkönigin über das gesamte Volk aus. Es ist der Lebensstrom des Königinnenwesens, das sich so mit dem Volk verbindet. Man kann ihn als ein besonderes Leuchten wahrnehmen, das von der Königin ausgeht. Mit diesem strömenden Licht antwortet die Königin auf das Ernährtwerden durch das Volk. Die einzelne Biene gewinnt dadurch den Zusammenhalt mit dem Volk. Um dieses Leuchten der Königin findet sich das Volk zusammen. Dieses nährende, friedliche, versöhnende Licht erfüllt und bildet das Volk. Es hat seinen Ursprung in dem geistigen Weg der Königin durch die winterliche Erde.

Meines Erachtens hat die Anziehungskraft der Bienen auf die Menschen viel mit diesem unsichtbaren Licht der Königin zu tun. Es gibt Menschen, die empfinden es wie ein Nachhausekommen, wenn sie zu den Bienen gehen. Sie fühlen etwas wie Heimat bei den Bienen. Das können sie aber nur deshalb, weil von den Bienen etwas ausgeht, das seinen Ursprung in dem hat, was die Königin aus den Erdentiefen in ihr Volk bringt. Es ist gerade dieses unsichtbare Licht, von dem die Seele des Menschen berührt wird.

Die Beziehung der Bienenkönigin zur Seele des Menschen

Diese Untersuchung geht davon aus, dass zwischen der menschlichen Seele und den Wesen und Dingen Beziehungen bestehen, die geistiger Natur sind. Die menschliche Seele ist keine abgeschlossene Wesenheit. Sie ist nicht nur sinnlichen, sondern auch vielfältigen seelischen und geistigen Beeinflussungen ausgesetzt. So hat jede Pflanze, jeder Baum, aber auch jedes Tier einen ganz besonderen Einfluss auf das seelische Leben des Menschen. Deshalb kann man sagen, dass jede Pflanze einen bestimmten «Ort» in der menschlichen Seele hat. So gibt es beispielsweise einen Ort in der menschlichen Seele, den man als den Schafgarbenort bezeichnen kann, da hier die Schafgarbe ihren Einfluss ausüben kann. Dann gibt es auch den Rosenort, den Arnikaort, den Ort der Esche usw. Das heißt, dass das Verhältnis der einzelnen Pflanzen zur menschlichen Seele schon da ist, bevor der Mensch die Pflanze und deren Wirkung entdeckt. Indem er diese Wirkung erkennt, erkennt er die Beziehung, die zwischen der menschlichen Seele und der einzelnen Pflanze bereits besteht. In den Heilwirkungen der Pflanzen offenbart sich diese Beziehung überdeutlich. Das Gleiche gilt für die Beziehungen zwischen den Tieren und der menschlichen Seele. Man kann auch von den Orten der Tiere in der menschlichen Seele sprechen. Jedes Tier, also auch die Arbeitsbiene, die Drohne und die Bienenkönigin, hat jeweils einen ganz bestimmten Einfluss auf die betreffenden Seelenorte.

Diese Seelenorte offenbaren den Wert, den die entsprechende Pflanze und das entsprechende Tier haben, und ihren Einfluss auf die menschliche Seele. Indem man sie aufspürt, nähert man sich den verborgenen Zusammenhängen, die im Naturgeschehen bestehen. Der Wert, den die verschiedenen Wesen der Erde füreinander haben, tritt in Erscheinung.

Die Einflüsse der verschiedenen Pflanzen und Tiere auf den Menschen können bewusst erlebt werden. Man kann sich in sie einleben, indem man für die Wesensäußerungen der entsprechenden Pflanzen und Tiere aufmerksam wird. Damit ist ein genaues und einfühlendes Studium der Sinnestatsachen gemeint. Man kann davon ausgehen, dass sich durch das Sinnliche die inneren Lebensgeheimnisse der Pflanzen und Tiere offenbaren. Wenn man sich ihnen aufmerksam zuwendet, lässt man zu, dass das jeweils betrachtete Wesen mit der eigenen Seele eine Verbindung eingeht. Indem man sich dem sinnlich Wahrnehmbaren eingehend widmet, findet eine Begegnung statt, die Grundlage einer wirklichen Wesensberührung ist. Die aufmerksame Betrachtung ist so etwas wie ein Tor, durch welches das Wesen, das man erkennen möchte, und die eigene Seele eine gemeinsame Sprache finden. Auf die sinnliche Beobachtung große Sorgfalt zu verwenden, ist deshalb von hohem Wert.

Diesem ersten Schritt folgt nun die innere Verarbeitung dessen, was man erlebt hat. Nachdem man sich mit dem befasst hat, was man durch die Sinne erfahren kann, schaut man auf die Reaktionen und Antworten der Seele.

Das kann man tun, indem man sich innerlich in den geistigen Strom hineinbegibt, der von dem entsprechenden Wesen zur Seele des Menschen strömt. Dadurch betritt die Seele die geistige Sphäre, die Hülle des Wesens. Sie «wünscht» sich sozusagen in das fremde Wesen hinein. Die Haltung des Menschen bleibt auch hier eine beobachtende. Er nimmt die Regungen, die Reaktionen der Seele wahr, die sich einstellen, wenn er sich dem Einfluss des Wesens bewusst überlässt. Gewiss sind Übung, Sorgfalt und Ausdauer nötig, um zu sicheren Ergebnissen zu kommen. Aber es ist möglich, das, was den Alltagsmenschen beschäftigt, loszulassen, damit sich ein innerer, ein seelischer Raum öffnet, durch den man in Berührung kommen kann mit den geistigen Wirklichkeiten des Lebens. Durch innere Vertiefung entstehen Seelenräume, durch die hindurch geistige Wesen sich auf ihre Art mitteilen können.

Wenn man sich nun auf die geschilderte Art dem Wesen der Bienenkönigin nähert, wird man ihren Seelenort oder besser: ihre seelische Sphäre entdecken. Dabei wird man die Erfahrung machen, dass sie die Seele überragt, dass sie sie einhüllt. Dies ist nicht bei allen Wesen der Fall, denen der Mensch in seinem Seelenraum begegnet. Dem Einfluss der Bienenkönigin kommt da eine besondere Stellung zu.

Der folgende Spruch soll diesen Einfluss beschreiben:

Die Bienenkönigin weist durch ihr Dasein und Wesen,
indem durch sie die Bienen zu dem werden, was sie sind,
auf eine Kraft hin,
die in der menschlichen Seele lebt.
In der Bienenkönigin kommt im äußeren Leben
eine Kraft zur Geltung,
die der Seele dazu dient,
ein einheitliches Wesen zu sein.

VI Die Arbeiterin

Das Wesen der Arbeiterin

Das Wesen der Arbeiterin ist tief mit den Substanzströmen verbunden, die durch ein Bienenvolk hindurchgehen. Es ist die Tätigkeit der Arbeiterinnen, die diesen Substanzstrom lebendig erhält. Die Arbeiterinnen sammeln, tragen ein, verwandeln und veredeln die Substanzen, die das Volk braucht. Der Honig ist das eine Produkt ihrer Tätigkeit. Aber auch das Wachs, den Baustoff der Waben, bringen sie hervor, indem sie ihn aus dem Hinterleib ausschwitzen. Und nicht zuletzt geschieht die Bestäubung der Blüten durch die Tätigkeit der Arbeiterinnen. Es sind tatsächlich erhebliche Substanzströme, die durch jedes Bienenvolk bewältigt werden müssen. Ein Volk erlangt durch den eingelagerten Honig einen Gewichtszuwachs, der häufig 10 bis 20 Kilogramm beträgt. Die Gesamtmenge des umgesetzten Honigs in einem Jahr liegt aber viel höher, bei bis zu 300 Kilogramm.

Jedes Gramm Honig geht aus dem Nektar hervor, der aus den Blüten aufgenommen, in den Bienenstock getragen und dort einem Prozess unterworfen wird, an dem die Gesamtheit der Arbeiterinnen beteiligt ist und durch den der Nektar in Honig umgewandelt wird. Die wohltuende und heilende Wirkung verdankt der Honig unter anderem dieser Tätigkeit der Arbeiterinnen.

Alle Bienen eines Volkes, auch die Drohnen, stammen von einer Königin ab. Sie ist die Mutter des gesamten Volkes. Somit sind die Bienen untereinander Geschwister. Abgesehen von der Königin und den Drohnen besteht das Bienenvolk ausschließlich aus Arbeiterinnen. Ihnen obliegen die vielfältigen Arbeiten, die nötig sind, damit ein Bienenvolk sich erhalten und vermehren kann. Im Laufe ihres Lebens, das ungefähr sechs Wochen dauert, kommt die Arbeiterin in die Lage, jede der anfallenden Arbeiten auszuführen. Sie kümmert sich um die heranreifende Brut, putzt den Stock, baut neue Wachszellen, sorgt für das richtige Klima im Stock, begleitet und füttert die Königin, besorgt die Gewinnung und Pflege des Honigs und bewacht das Flugloch, unternimmt als Sammelbiene Ausflüge, um Nektar, Pollen, Wasser und Propolis einzutragen. Bis ungefähr zum zwanzigsten Tag nach dem Ausschlüpfen ist die Arbeiterin mit den zahlreichen Arbeiten im Stock beschäftigt. Danach besteht ihre Aufgabe darin, auszufliegen und die Substanzen einzubringen, deren ein Bienenvolk bedarf. Es ist erstaunlich, wie weisheitsvoll die Arbeiterinnen auf die Anforderungen reagieren können, die durch sich verändernde Umweltbedingungen an das Volk gestellt werden.

Der Körper der Arbeiterin ist in der Lage, Wärme hervorzubringen. Das ist eine erstaunliche Tatsache. Die Gesamtheit der Arbeiterinnen erzeugt eine bestimmte Innentemperatur im Stock, die unter anderem für die Entwicklung der Brut unentbehrlich ist. Diese Wärme dient aber auch dem Überleben der Bienen im Winter. Es ist dies eine der Besonderheiten der Bienen, denn es gibt kein anderes Insekt, das diese Fähigkeit hat. Das Hervorbringen von Eigenwärme gehört zu ihren hervorragendsten Eigenschaften. Es ist sonst nur höheren Tieren möglich. Dass das Bienenvolk über einen eigenen Wärmehaushalt verfügt und bis zu einem gewissen Maß autonom mit seiner Wärme umgeht, sagt viel über diese Tiere aus. Es offenbart sich darin das hohe Wesen, das die Bienen sind. Die Tatsache, dass die Arbeiterinnen tief mit dem Wärmewesen verbunden sind, erscheint mir als Hinweis auf ihr eigentliches geistiges Wesen.

Ausflug der Arbeiterin

Wenn man ein Bienenvolk beobachtet, wird man feststellen, dass das Flugloch besondere Bedeutung hat. Dort trifft die Dunkelheit, die im Bienenstock herrscht, mit der hellen Außenwelt zusammen. Es begegnen sich Dunkelheit und Licht. Die Bedeutung des Fluglochs wird durch die Beobachtung unterstrichen, dass sich die Aura der Arbeiterinnen, die aus dem Flugloch krabbeln und auffliegen, mitunter verändert. In dem Augenblick, da sie losfliegen, erhalten sie eine helle, golden leuchtende Aura. Diese ist ungefähr so groß wie ein Hühnerei und umhüllt die Bienen während der Zeit ihres Fluges. Erst wenn sie zurückkehren und sich in die Dunkelheit des Stockes begeben, verschwindet diese Aura wieder. Setzt sich die Biene auf ein Blüte, verschwindet die Aura ebenfalls. Sie lässt sich ausschließlich bei fliegenden Arbeiterinnen beobachten.

Diese Aura bedeutet für die Arbeiterin einen Schutz, den sie nicht entbehren kann. Durch die Aura wird sie vor der zu starken Wirkung des Lichts bewahrt. Es mag verwundern, dass sich gerade die Arbeiterin vor dem Sonnenlicht schützen muss, da sie doch ein Wesen des Lichtes ist. Aber das Sonnenlicht würde den zarten Körper der Biene auszehren und ihn schädigen, wenn er nicht geschützt würde. Die Arbeiterin ist ein Wesen, das besonders empfindlich für das Licht ist. Licht ist für sie deshalb nicht gleich Licht. Die verschiedenen Lichtqualitäten wirken sich unterschiedlich auf die Arbeiterin aus.

Vor allem das mittägliche Licht hat eine schädigende Wirkung auf den Bienenkörper. Das Abend- und Morgenlicht ist viel weicher, weshalb die Aura zu diesen Tageszeiten auch durchlässiger ist. Bei schwachem Sonnenlicht wird man bei den fliegenden Arbeiterinnen kaum eine Aura beobachten. Die ruhende Arbeiterin wird ebenfalls nicht vom Licht angegriffen. Es ist nur die fliegende Biene, die den Schutz durch die Aura braucht.

Die Empfindlichkeit der Arbeiterin mag überraschen. Sie ist aber tatsächlich ein Tier, das nur die geringste Zeit ihres Lebens am Tageslicht verbringt. Meistens ist sie im Stock unter ihren Schwestern und in der Nähe ihrer Königin. Es bedeutet einen Ausnahmezustand, wenn sie sich im Licht außerhalb ihres Stockes aufhält. Die einzelne Biene ist so gesehen eigentlich eher ein Tier der Dunkelheit als des Lichts.

Die übersinnlich zu beobachtende Aura wird durch die raschen Flügelbewegungen der fliegenden Biene aufgebaut und erhalten. Vor allem den Flügelspitzen kommt in dieser Hinsicht eine große Bedeutung zu. Sie schöpfen, wenn sie sich bewegen, aus dem Lichtbereich, der die Biene umgibt, die Formkraft, durch die sich deren Aura aufbaut. Ihre raschen Bewegungen ziehen die Lichtkräfte heran, die in die Aura einfließen und ihr die lebendige und schützende Form geben. Die Arbeiterin wandelt das Licht, das sie schädigen würde, durch die Bewegung der Flügel in eine Schutzhülle um, wodurch das Tier unempfindlich wird gegen das Sonnenlicht. Gerade durch die raschen Flügelbewegungen können hohe geistige Wesenheiten wirksam werden, die diese Umwandlung mitbewirken.

Um das Bienenwesen und seine Lebensbedingungen zu verstehen, ist es deshalb ratsam, sich mit dem Licht und seinen verschiedenen Qualitäten zu befassen. Eine Hilfe dabei kann sein, sich in die Erlebnisse der Bienen einzufühlen, die sie am und durch das Licht haben. Jede Tageszeit, jede Witterung, jede Jahreszeit hat ihr eigenes Licht. Beginnt man, sich mit diesen verschiedenen Lichtqualitäten vertraut zu machen, kann man lernen, mit «Bienenaugen» zu schauen und zu empfinden, was sie empfinden. Man wird die Welt gewissermaßen als Biene kennenlernen.

Im Volk, unter ihren Geschwistern, findet die einzelne Biene Lebensbedingungen vor, die sich grundlegend von denen unterscheiden, die sie außerhalb des Bienenstocks antrifft. Im Volk taucht sie wie in einem beweglichen, warmen, lichtvollen Treiben unter. Sie ist nicht jene einzelne Wesenheit, die sie beim Ausfliegen sein muss, wenn sie sich von ihrem Volk entfernt. Im Volk wird die einzelne Biene von einem Leben aufgenommen, das ihr vertraut ist. Die Gegenwart der eigenen Königin, den unverwechselbaren Geruch des eigenen Volkes, Geborgenheit und Schutz, die sie nur hier finden kann, erlebt die einzelne Biene, wenn sie heimkehrt.

Blütenbesuch

Die Beobachtungen der geistigen Zusammenhänge, welche die Bienen betreffen, haben mich dazu geführt, eine tiefe und wesentliche Beziehung zwischen den Blüten, die von den Arbeiterinnen besucht werden, und dem Bienenstock zu sehen, der die Heimat des Bienenvolkes und somit auch der einzelnen Bienen ist. Diese Beobachtungen zeigen, dass der Bienenstock eine umgestülpte Blüte und die Blüte ein umgestülpter Bienenstock ist. Der Bienenstock ist eine sich der Erde zuneigende, ins Dunkle hineinwachsende Blüte. Und die Blüte ist ein sich dem Lichtumkreis öffnender Bienenstock. Im Bienenstock löst sich die Blüte aus ihrer Verbundenheit mit dem Licht und wird zu einem umgekehrten Kelch, zu einer Höhle. In der Blüte wird der Bienenstock aus dem Erdenzusammenhang herausgehoben und öffnet sich dem oberirdischen Raum. Die Bienen fühlen sich zu den Blüten hingezogen, weil zwischen den Blüten und dem Bienenstock eine enge Verwandtschaft besteht. Man kann den Eindruck haben, als liege den Blüten und dem Bienenstock dasselbe geistige Urbild zugrunde. Nur prägt es sich in zwei polar erscheinenden Formen aus.

Im Inneren eines bewohnten Bienenstocks kann man ein besonderes übersinnliches Leuchten wahrnehmen. Es ist dargestellt worden, dass dieses Licht mit dem Winterweg der Bienenkönigin zusammenhängt. Sie ist Trägerin dieses Lichts, das auch den Grund dafür bildet, dass der Bienenstock für die Arbeiterinnen nicht dunkel ist. Es ist das Licht der inneren Erde, das im Bienenstock, im Volk wahrnehmbar ist. Es ist ein Licht, das den Bienenstock und das Bienenvolk von innen heraus erleuchtet. Wenn die Arbeiterin die Blüte aufsucht, begegnet sie in ihr einem Wesen, das ebenfalls tief mit dem Licht verbunden ist. Die Blüten sind Wesen des Lichts, Farbenwesen. In ihnen zeigen sich die Gestaltungskräfte des Lichts. Das Licht wird in den

Blüten zur lebendigen Gestalt. Die Arbeiterinnen begegnen in den farbigen Blüten den Spielarten des Lichts, das sie kennen. Denn es erinnert sie an das Leuchten ihrer Königin. Sie erleben die Blüten deshalb als ihre zweite Heimat. Von ihnen geht eine Erinnerung aus an den Bienenstock, den sie verlassen haben, um auszufliegen. Man kann also mit Recht sagen, dass die Bienen für die Blüten und die Blüten für die Bienen geschaffen sind. Dieser Zusammenhang existiert aber nur, weil zwischen den Blüten und dem Bienenstock eine Verwandtschaft besteht.

Was die Arbeiterin zu den Blüten treibt, ist aber noch etwas anderes. Sie hat, wenn sie eine Blüte besucht, ein Erlebnis, das sie nicht ruhen lässt und sie veranlasst, immer und immer wieder Blüten zu besuchen. Sie hat durch die Blüten ein Erlebnis, das sie im Stock, unter den Bienen ihres Volkes, nicht haben kann. Indem sie in die Blüte schlüpft, begegnet sie der Erde. Sie begegnet der Erde in einer zarten Art, aber in einer Intensität, die sie nirgendwo in vergleichbarer Form wiedererlebt, auch nicht im Volk oder während des Fluges. Das Hineinschlüpfen in die Blüte, das Saugen am Nektar löst dieses Erlebnis aus. Die Elementargeister der Pflanzenwurzeln, welche die Pflanze mit der Erde verbinden, tragen wesentlich dazu bei. Sie vermitteln der Biene den Kontakt mit der Erde. Es lässt sich beobachten, dass die Pflanze von einer besonderen Kraft durchströmt wird, wenn eine Biene sie besucht und Blütennektar in sich aufnimmt. Von den Wurzeln und den Wurzelgeistern geht dieser weckende Lebensstrom aus. Für die Biene entsteht dadurch eine Art Sinneserlebnis der Erde. Im Stock unter ihren Schwesterbienen macht die einzelne Biene eine ganz andere Erfahrung von der Erde. Sie erlebt diese durch das ihr innewohnende Licht geistig. In den Blüten dagegen erlebt sie die Erde sinnlich. Das macht die Blüten für die Bienen so verlockend und treibt sie immer wieder zu ihnen hin.

Das Seelenwesen der einzelnen Biene

Das beobachtende Einfühlen in das Wesen der Arbeiterin ergibt das erstaunliche Resultat, dass die einzelne Biene vielfältige Erlebnismöglichkeiten hat, die man bei einem Insekt nicht erwarten würde, sondern eigentlich nur höheren Tieren zuspricht. Es ist überraschend, wie differenziert die einzelne Biene das Geschehen ihres Umkreises erlebt. Sie verfügt über ein Innenleben. Diese womöglich befremdliche Aussage kann hier nicht bewiesen, sondern einfach als Resultat der übersinnlichen Wahrnehmung mitgeteilt werden. Ich möchte aber dazu anregen, dass man sich einmal unvoreingenommen in eine Arbeiterin versetzt und zu ergründen versucht, worin ihre Erlebnismöglichkeiten bestehen. Um der Gefahr zu entgehen, dass man dabei nur das eigene Empfindungsleben auf die einzelne Biene überträgt, kann man denselben Versuch bei anderen Insekten wiederholen. Man wird die Entdeckung machen, dass Schmetterlinge, Libellen oder Fliegen nicht über dieselbe Erlebnisfähigkeit verfügen wie Bienen.

Die einzelne Arbeiterin ist der Entwicklung und den Bedürfnissen des Volkes vollständig untergeordnet. Sie ist ganz im Sinn des Volkes tätig. Die übersinnliche Beobachtung kommt nun zu der Einsicht, dass in jeder Arbeiterin ein besonderes Seelenwesen wohnt. Man kann die Frage nach der Herkunft dieses Wesens stellen. Es zeigt sich, dass es einen bestimmten Entwicklungsweg hinter sich hat, bevor es in einer Arbeiterin lebt. Diese Herkunft lässt sich übersinnlich schauen. Das Seelenwesen der Biene stammt von bestimmten Elementarwesen aus dem Reich der Pflanzen. Es war einst das Elementarwesen, genauer das Blütenwesen, einer Pflanze, die in unberührter, ursprünglicher Natur gewachsen ist.

Das Blütenelementarwesen wird durch höhere Wesen, die im Auftrag des Bienenwesens stehen, dazu erwählt, eine Bienenseele zu werden. Von diesen Wesen wird das Blütenwesen regelrecht «entführt» aus dem Reich, dem es bisher angehörte. Es ist tatsächlich ein Vorgang, der Kennzeichen einer Entführung trägt. Auf dem folgenden Weg verliert das Blütenwesen die Merkmale, die auf seine ursprüngliche Herkunft hinweisen. Es wird vollständig verwandelt. Diese Umwandlung führt dazu, dass es schließlich einer werdenden Bienenpuppe eingehaucht wird.

Während der Verwandlung in eine Bienenseele verlässt das Elementarwesen das geistige Reich, dem es ursprünglich angehörte. Es verlässt das Pflanzenreich und betritt die Seelenwelt der Tierwesen. In den Blüten werden die Pflanzen schon von dem Seelenreich der Tiere berührt. In den Farben und Gestalten der Blüten erscheint dieses Seelenreich wie in einer bildhaften, vorahnenden Form. Die ausgewählten Pflanzenelementarwesen gehen, wenn sie zu einer Bienenseele umgestaltet werden, diesen Weg vom Pflanzendasein zum Tierdasein, der in den Blüten zu erahnen ist. Es wirft ein Licht auf das Wesen der Bienen, besonders der Arbeiterinnen, wenn man diesen Entwicklungsgang der Bienenseele mitbedenkt. Wenn nun die Arbeiterin auf ihren Sammelflügen Blüten besucht, kommt sie in Berührung mit einem Wesen, dem sie eigentlich verwandt ist. Sie begegnet einem Wesen, das sie einmal selber, als Wesen der elementaren Welt, war, das sie aber hinter sich gelassen hat, um Biene zu werden.

Es kommt die Zeit, da eine Bienenseele den Kreis der Bienen wieder verlässt und dieses Dasein beendet. Nun darf sie weiterschreiten, sie wird ins Geistige zurückgeführt. Unter der Leitung höherer Wesen bekommt sie neue Aufgaben zugeteilt. Die Erfahrungen, die sie als Biene gemacht hat, nimmt sie mit, genauso wie sie die Erfahrungen als Pflanzenwesen in die Welt der Bienen mitgenommen hat. Meine Forschungen haben ergeben, dass für die Weiterentwicklung einer Bienenseele mehrere

Möglichkeiten bestehen. Sie kann entweder erneut bestimmten Pflanzen zugeführt werden, denen sie als Blütenwesen dient. Sie kann sich aber auch mit der Welt der Vögel verbinden, eine Aufgabe in der Aura des Bienenvolkes erfüllen oder sich in ein Feuerwesen wandeln, das mit ganz bestimmten Aufgaben in der Samenbildung betraut ist. Es lässt sich aber auch beobachten, dass sie sich mit bestimmten Ideenwesen verbindet.

Durch meine Forschungen werde ich immer wieder mit Aussagen von geistigen Wesen konfrontiert, die für mich rätselhaft sind. Häufig dauert es eine geraume Zeit, diese Rätselworte zu verstehen. Eines dieser Rätsel ist in den beiden Worten ausgedrückt, die mir von den Bienen immer wieder genannt werden: «Bienenmensch und Menschenbiene». Anfänglich konnte ich recht wenig mit diesem Begriffspaar anfangen. Ich habe die Bedeutung eher erahnt als verstanden. In diesen beiden Worten ist die tiefe, geheimnisvolle Beziehung ausgedrückt, die zwischen dem Menschen und der Biene besteht.

Neben dem genannten Wortpaar ist mir von den Bienerichen eine andere merkwürdige Aussage zugetragen worden, die ich lange Zeit nicht verstanden habe. Sie lautet: «Die Bienen, die Arbeiterinnen, fliegen, wenn sie ausfliegen, in die Dunkelheit. Sie begeben sich in die Dunkelheit. Der Bienenstock ist für sie ihre Lichtheimat. Sie lieben ihn, weil er leuchtet und sie wärmt. Sie finden in ihm den Frieden, den sie durch das äußere Licht nicht bekommen.» Wie ist das zu verstehen?

Wir konnten schon sehen, dass das Flugloch für die Arbeiterin eine bedeutsame Schwelle darstellt. Es ist tatsächlich so, dass eine Biene den Zusammenhalt mit ihrem Volk in einer gewissen Weise verliert, wenn sie sich in den hellen Luftraum begibt. Wenn man sieht, mit welchem Schwung die Bienen beim Ausfliegen in diesen Raum hinausdrängen, soll das einen nicht darüber hinwegtäuschen, dass sie eine bedeutungsvolle Grenze überschreiten. Einerseits werden sie vom Luftraum wie aufgesogen. Man hat den Eindruck, sie erwarten nichts sehnlicher, als sich in diesen Raum hineinzubegeben. Mit Hingabe übernehmen sie für ihr Volk und sein Überleben diese Aufgabe. Andererseits ist zu spüren, dass es ein bedeutsamer Schritt für eine Arbeiterin ist. Es ist eine Art Schwellenübertritt.

Wenn man nun die Bieneriche nach dem Wesen dieser Dunkelheit fragt, in die die einzelne Biene hineinfliegt, bekommt man die Antwort: «Diese Dunkelheit ist eure. Sie ist menschengemacht. Es sind die Dunkelheiten eurer Seelen, in die die Bienen sich begeben müssen, wenn sie ausfliegen. Für sie ist die Luft dunkel, weil sie erfüllt ist von dem, was von euren Seelen an Dunklem ausstrahlt.»

Die Bienen fliegen, wenn sie sich von ihrem Volk lösen, in das Seelische hinein, das von den Menschen aufsteigt und sich in der Landschaft und auch in den verschiedenen elementaren Zuständen ausbreitet. Damit berühren wir ein zentrales Geheimnis des Bienenwesens. Die Bienen erleben unmittelbar das Seelische der Menschen, das von diesen ausgehend in der Landschaft lebt. Sie begegnen fliegend der Astralität, die jede Landschaft prägt. Diese Astralität ist einerseits durch die seelische Ausstrahlung des Menschen bestimmt. Andererseits gehört zum Wesen jeder Landschaft, jedes Ortes eine bestimmte astrale Qualität, wie jede Blüte eine bestimmte Farbe trägt. Die Bienen begegnen dieser Astralität unmittelbar. Man kann sagen, dass diese übersinnlich zu beobachtende Tatsache einen ganz wesentlichen Schlüssel darstellt, um das Wesen der Bienen zu verstehen. Die Bienen haben eine starke Neigung zu der Astralität hinzustreben, die sie in der Landschaft, in der sie leben, vorfinden. Man kann sich diese Astralität als ein Farbenwesen vorstellen, das über jeder Landschaft liegt. Sie kann helle, leuchtende Bereiche haben, aber auch dunkle, abstoßende. Diese sind dann mit niedriger Astralität angefüllt. Die Bienen erleben sie als Dunkelheit, durch die sie jedoch hindurchfliegen müssen.

Die Arbeiterinnen begegnen beim Ausflug aber nicht nur dieser niederen, dunklen Astralität, sondern immer auch der Gesamtheit astraler Erscheinungen. Es ist das gesamte astrale Dasein, das die Bienen ergreift, wenn sie ausfliegen. Die übersinnliche Beobachtung zeigt nun das schwer zu beschreibende Geschehen, dass die Arbeiterinnen dadurch, dass sie dieser Astralität begegnen, eine Verwandlungsarbeit vollziehen. Die niedere Astralität, die sie als die besagte Dunkelheit erleben, führen sie dadurch in den Prozess der Verwandlung. Sie suchen das Dunkle nicht auf, um sich darin zu verlieren und zu erschöpfen, sondern um es zu verwandeln. Sie setzen sich dem Dunklen nicht bloß aus, sondern tragen dazu bei, es aufzulösen. Das geschieht nun in der Art, dass durch die fliegenden Arbeiterinnen immer auch die Astralität wirksam ist, die von aller Dunkelheit frei, also hoher Natur ist. Die Arbeiterinnen fliegen nicht nur in die Dunkelheit, sie fliegen ebenso in das dahinterliegende Licht hinein. Jede Dunkelheit ist immer ein verborgenes Licht. Diese Tatsache ist die Rettung der Bienen. Deshalb erlahmen sie nicht durch die Begegnungen mit den Kräften unerlöster Astralität, da sie auch die Kräfte, durch die das Verwandlungsgeschehen sich vollzieht, beständig vor sich haben. Jede fliegende Biene hat Teil an dem Verwandlungsgeschehen, durch das die niedere Astralität erlöst wird. Man kann sagen, dass zur Neigung, dem Dunklen zu begegnen, das Durchdrungensein von den heiligen Verwandlungskräften dazugehört. Die einzelne Biene steht, obwohl sie sich in die Seelendunkelheit der Erde begibt, deutlich und fest im Licht der Verwandlung. Ihr Wesen ist von diesem Licht durchdrungen. Es wirkt durch sie.

Zusammenfassend kann man sagen, dass die Bienen die Finsternis kennen. Ihr Leben findet an der Grenze zwischen Licht und Finsternis statt. Deshalb kennen sie aber auch das Licht und die Kräfte der Verwandlung, die in dem Augenblick geweckt werden, wenn Licht und Finsternis sich begegnen. Indem sie, wie geschildert, der Seelendunkelheit begegnen, geraten sie in Gefahr zu sterben. Aber sie können nicht sterben, denn ebenso, wie sie die Dunkelheit kennen, kennen sie auch das Licht, das die Dunkelheit durchlichtet und aufhebt. Dadurch gewinnt der Tod keine Macht über sie. Sie bleiben im Lebensstrom der Erde und können dazu beitragen, das Finstere im Licht aufgehen zu lassen.

Die Wirkungen der Arbeiterin auf den Schlaf des Menschen

Wir kommen zu einem Aspekt des Bienenwesens, der überraschen mag und der dem Verstand, der gewohnt ist, sich an den Sinneserscheinungen auszurichten, einige Widerstände entgegensetzt. Es ist aber dennoch wichtig, ihn zu erwähnen, denn es zeigt sich an ihm, wie existenziell Biene und Mensch verknüpft sind. Durch Hinweise dieser Art kann man erahnen, was mit dem Wortpaar «Menschenbiene und Bienenmensch» gemeint sein kann.

Geistige Forschung beginnt in den meisten Fällen tastend. Hinweise aus der jenseitigen Welt treten an die Seele heran, deren Sinn sich erst mit der Zeit offenbart. Oft braucht eine Erkenntnis Jahre, um zu reifen. Man muss lernen, mit vorläufigen Erkenntnissen umzugehen, und auf die Gelegenheit warten, dass sie sich festigen. Auch die folgenden Angaben sind aus einem solchen inneren Prozess entstanden.

In meinem Buch «Botschaften der Elementarwesen» konnte ich schildern, dass die Sammelflüge der Bienen für die Wesen der elementaren Welt einen großen Segen bedeuten. Durch sie senkt sich ein wohlklingender Lichtteppich auf die Erde herab, eine Art klingender Staub, der von den Elementarwesen der Erde aufgenommen wird. Man kann sagen, dass sie ihn wie ein Heilmittel zu sich nehmen. Dieser geistige Bienenstaub wird von den Elementarwesen tief in die Erde hinunter geführt. Er sinkt in die Erde hinab. Dadurch entsteht ein fester Grund, durch den sie offen bleibt für die zukünftigen Kräfte ihrer Entwicklung.

Nun ist aber auch zu sehen, dass von den fliegenden Bienen eine Wirkung in eine andere Richtung ausgeht. Es fällt von ihnen nicht nur etwas in die Erde hinab, sondern es steigt auch eine geistige Wirkung auf. Ich habe die von den sammelnden

Bienen aufsteigende Strahlung verfolgt und erkannt, dass sie bis in die Regionen dringt, welche die Seele des Menschen im Schlaf durchquert. Es zeigte sich eine lebendige Beziehung zwischen dem, was durch die fliegenden Bienen aufsteigt, und dem Dasein der menschlichen Seele während des Schlafes. Das war für mich eine erstaunliche Entdeckung. Im ersten Augenblick wollte ich nicht glauben, dass diese beiden Dinge etwas miteinander zu tun haben könnten. Die Überprüfung zeigt aber immer wieder, dass dieser Zusammenhang besteht.

Der schlafende Mensch befindet sich in einem anderen Verhältnis zu seinem Körper als der wache. Seine Seele löst sich vom Körper. Sie löst sich und wird in bestimmte Regionen der geistigen Welt geführt. Auf diesem Weg wird der Einfluss der zurückliegenden Tagesereignisse auf die Seele zunehmend gelockert. Sie wird freier von dem, was dadurch, dass sie in einem Körper gelebt hat, auf sie einwirkte. Sie wird dem Einfluss des Körpers und seiner Organe immer mehr entzogen. Jede Nacht legt die Seele die Neigung, dem Einfluss der Organe zu gehorchen, ab.

Die geistige Beobachtung zeigt, dass die von den Bienen aufsteigende Strahlung in die Sphäre der übersinnlichen Welt hineinwirkt, in der sich die Seele von dem Einfluss befreit, den das durch den menschlichen Organismus strömende Blut auf sie ausübt. Im Wachzustand kreist das Blut durch den Organismus. Es ist ein besonders erhellendes Erlebnis für den wachen Menschen, sich des Blutes bewusst zu werden, das unaufhörlich durch den eigenen Körper pulsiert. Es ist ein gewaltiger Flüssigkeitsstrom, der ununterbrochen den Körper durchfließt. Die Seele hat, wenn auch unbewusst, Anteil an dem pulsierenden, strömenden Blut. Wenn man auf das schaut, was die Seele des Menschen dadurch gewinnt, dass sie lebendig mit dem strömenden Blut verbunden ist, wird man sehen, dass sich besonders ihr höheres Glied, das Ich, dadurch der Sinnessphäre aufschließen kann. Aus dem Verbundensein mit dem Blut ergibt sich für das Ich des Menschen die Möglichkeit, überhaupt der Sinneswelt anzugehören. Dadurch kann das Ich den Körper, in dem es wohnt, und die äußere Welt wahrnehmen. Das Ich hat erst durch das Blut hindurch ein Erleben des eigenen Körpers und des irdischen Lebensumkreises. Es nimmt sowohl nach innen als auch nach außen wahr.

Im schlafenden Zustand muss sich das Ich von der bindenden Wirkung befreien, die von der Sinnessphäre ausgeht. Das Blut bindet das Ich an die Erde, von der es sich im schlafenden Menschen lösen muss, um sich in die geistige Welt auszuweiten. Erfahrungen im Irdischen kann der Mensch nur dadurch gewinnen, dass er sich den Kräften hingibt, die durch das Blut leben. Will er sich mit dem Geistigen vereinigen, muss er sich von diesen Kräften aber wieder lösen.

Die Seele des Menschen durcheilt zwischen Einschlafen und Erwachen die Sphären der Planeten. Sie löst sich von dem Körper und der Erde, indem sie die Planetensphären durchwandert. Jede dieser Sphären bedeutet einen weiteren Schritt in der Loslösung von den irdischen Einflüssen. Gleichzeitig wird die Seele so Schritt für Schritt von der geistigen Welt aufgenommen. Jede der Planetensphären hat in Bezug auf den Zusammenhang, der zwischen der aufsteigenden Seele und den einzelnen Organen des menschlichen Leibes besteht, eine bestimmte Aufgabe.

Die Sphäre der geistigen Welt, in der sich die schlafende Seele mit den Kräften des Blutes auseinandersetzt, ist die Sonnensphäre der Erde. Dort wird die menschliche Seele von höheren geistigen Wesenheiten dahingehend unterstützt, dass sie sich von den Kräften des Blutes löst. Jeder Mensch hat durch seinen individuellen Entwicklungsweg ein ganz eigenes Verhältnis zu den Kräften des Blutes. Seine Individualität spiegelt sich in diesem Verhältnis. Man kann sich nun gut vorstellen, dass es keine einfache Aufgabe ist, sich von diesen Kräften wieder zu lösen. Die Loslösung vollzieht sich auch nur bis zu einer bestimmten Stufe, die bei jedem Menschen individuell ist.

Es zeigt sich, dass durch die fliegenden Arbeiterinnen eine Kraft aufsteigt, die die Seele des schlafenden Menschen in der Sonnensphäre erreicht. Die Bienen vereinen sich mit den schlafenden Menschen, die in der Sonnensphäre weilen. Sie tragen dazu bei, den Einfluss der Blutkräfte herabzudämpfen und unterstützen das Ich des Menschen dabei, sich zu befreien.

Was durch die Sammeltätigkeit der Bienen am Tag in die Regionen des Schlafes aufsteigt, verhilft den schlafenden Menschenseelen in der Nacht zu einem ausgeglichenen Verhältnis zu den Kräften des Blutes. Das Blut verliert seine bindende und einengende Wirkung auf die Seele und das Ich des Menschen. Damit soll nichts gegen diese bindenden Kräfte des Blutes gesagt sein, sie sind unentbehrlich. Durch sie kann das Ich die notwendige Verbindung mit der physischen Welt eingehen. Aber diese Kräfte dürfen das Ich des Menschen nicht beherrschen. Er muss über sie verfügen können, nicht umgekehrt. Die Arbeit der Bienen wirkt so, dass sie diesen Ausgleich zwischen dem Ich des Menschen und den Kräften des Blutes fördert. Darin besteht die heilende Wirkung des Bienenflugs auf den Menschen. Sie ist nicht offenkundig. Sie geht geheimnisvolle Wege, weist aber darauf hin, was unter «Menschenbiene und Bienenmensch» zu verstehen ist.

Die Not der Bienen

Das Lebensumfeld der Bienen hat sich durch die vom Menschen forcierte technische Entwicklung sehr stark verändert. Man kann sich des Eindrucks nicht erwehren, dass die Bienen nicht mehr in der Lage sind, diese raschen Veränderungen, die zum Teil drastische Beeinträchtigungen mit sich bringen, zu verarbeiten. Sie sind durch die Einflüsse der technischen Welt und die vielen belastenden Maßnahmen, die der Mensch trifft, überfordert.

Das gilt aber nicht nur für die Bienen, sondern genauso für die Wesen der elementaren Welt. Für die Elementarwesen, deren Leben und Dasein intensiv mit den Naturvorgängen verknüpft ist, für die Geister der Pflanzen, der Tiere, des Wassers, der Luft, des Waldes und der Berge hat sich die Entwicklung der Menschenwelt in einer Art beschleunigt, dass sie erleben müssen, wie sie immer mehr den Zugang zu dem verlieren, was durch den Menschen auf sie zukommt. Dabei sind sie seit Jahrtausenden gewöhnt, mit dem Menschen zusammenzuleben. Dieses Zusammenleben hat im 20. Jahrhundert eine einschneidende Änderung erfahren. Die heiligen Fäden zwischen der Seele des Menschen und den Wesen der elementaren Welt drohen zu reißen.

Es soll nun aus der übersinnlichen Anschauung geschildert werden, worin die Belastung der Bienen heute besteht. Dabei bin ich mir bewusst, dass es eine sehr ernste und verantwortungsvolle Aufgabe ist. Diese Schilderungen sollen nicht dazu führen, beim Lesenden ein Gefühl der Ohnmacht auszulösen. Tatenlosigkeit und Resignation wären genau das Falsche. Dadurch würden den Bienen die Menschen verlorengehen, die sich doch eigentlich für sie einsetzen möchten. Um aber die Bienen zu verstehen, ist es wichtig, realistisch und nüchtern auf ihre Lebensbedingungen zu schauen. Es sind nicht zuletzt auch unsere

Lebensbedingungen. Die Bienen zeigen nur, was die Menschen ebenso betrifft. Von den Bienerichen habe ich immer wieder gehört, wenn man den Bienen helfen wolle, könne man nicht am Dunkeln, an den lebensfeindlichen Kräften und Einflüssen vorbeischauen. Vielmehr sind wir aufgerufen, genau hinzuschauen, diese Kräfte wahrzunehmen und so den Bienen beizustehen. Das Wegschauen des Menschen ist für sie das Schlimme. Sie müssen mit den Belastungen leben, ohne dass sie jemand nach ihrem Einverständnis gefragt hätte. Vieles wird mit den Bienen gemacht, was sie selbst niemals wollten. Die Menschen werden dadurch, dass sie sich nicht scheuen, in das Dunkle und Lebensfeindliche zu schauen, dem die Bienen ausgesetzt sind, zu ihren Verbündeten. Erkennen ist ja immer ein Mitleiden. Es ist deshalb Mut nötig, den Bienen dorthin zu folgen, wo sie mit den lebensfeindlichen Einflüssen des modernen Lebens in Berührung kommen.

Mehr als die Drohnen und die Königin ist die Arbeiterin den schädigenden Umwelteinflüssen ausgesetzt, die auf die Bienenvölker einwirken. Das hat einerseits mit den Aufgaben zu tun, welche die Arbeiterin für ihr Volk erfüllt, ist andererseits aber auch Ausdruck ihres Wesens. Sie nimmt das, was aus dem Umkreis auf sie einwirkt, viel stärker an, weil sie dem Umkreis naturgemäß mehr als Drohne und Königin hingegeben ist. Mit den Aufgaben der Arbeiterinnen hängt es zusammen, dass sie besonders von den schädigenden Umwelteinflüssen betroffen sind.

Die durchschnittliche Arbeiterin in Mitteleuropa weist eine starke energetische Verschmutzung ihres Körpers auf. Die übersinnliche Beobachtung des Körpers einer Arbeiterin zeigt, dass vor allem die Flügel an Farbigkeit eingebüßt haben. Eigentlich müssten sie in den Farben des Regenbogens glänzen. Ein lebendiges farbiges Schimmern sollte von ihnen ausgehen. Zum Teil liegen jedoch dunkle, braunschwarze Schleier über den durchsichtigen Flügeln. Die Flügelspitzen sind energetisch regelrecht zerfetzt, also deutlich geschädigt. Betroffen ist ebenfalls das feine Haarkleid, das den Körper wie ein Pelz umgibt. Es ist häufig wie von einer öligen, dunklen Schmiere verklebt. Besonders sind der Brustteil und der Kopf, Augen und Fühler in Mitleidenschaft gezogen. Das Licht, das vom Insekt ausgeht, leuchtet nur fahl und matt. Vergleicht man, indem man sich innerlich zurückversetzt, den Zustand der Bienen heute mit dem vor nur fünfzig Jahren, zeigt sich, dass diese Leuchtkraft stark abgenommen hat.

An manchen Orten sind die Belastungen, denen die Bienen ausgesetzt sind, sehr stark. Besonders verheerend ist die Situation in Tschernobyl. Dort schaue ich Bienen, deren Aura sehr dunkel ist. Die Bienen haben jedoch den Auftrag, gerade solche Orte nicht zu verlassen.

Welche Kräfte sind es, die sich lähmend bis in die Aura und die Körperlichkeit der Biene niederschlagen? Sicherlich wirkt die vom Menschen stammende Astralität belastend. Neben der Radioaktivität und der allgemeinen Verschmutzung und Vergiftung der Erde sind es in einem hohen Maße die elektromagnetischen Strahlungen in der Luft, die den Bienen zusetzen. Diese Veränderung der Umwelt durch den Einfluss des Menschen belastet ihren feinen und sensiblen Körper. Die Auswirkungen der elektromagnetischen Strahlungen sind nicht zu unterschätzen. Die Bienen sind allem, was in der Luft geschieht, stark ausgesetzt. Sie geben sich dem Luftelement durch ihre Wesensart besonders hin. Sie fliegen heute aber durch eine Luft, die ihnen durch die Verschmutzung mit elektromagnetischer Strahlung viel Kraft raubt. Die Luft frisst ihnen Kräfte weg, statt sie durch Licht und Klang zu ernähren.

Es ist nun zu beobachten, dass die lähmenden, lebenszehrenden Kräfte bis in die Bienenbrut hinein wirksam sind. Namentlich die Puppe, die bereits deutliche Merkmale der späteren Biene zeigt, wird von den schwächenden Kräften getroffen. Diese sammeln sich um das Hinterteil der Puppe. Die Wabe bietet nur bis zur Phase der Verpuppung ausreichend Schutz. Dass das Volk der Brut nicht den Schutz gewähren kann, den sie brauchte, führt darauf zurück, dass einerseits die lebensfeindlichen Kräfte stärker werden, andererseits aber das Volk immer weniger Eigenkräfte zur Verfügung hat, um die Brut zu schützen.

Diese Schilderungen werfen natürlich die Frage auf, welche Möglichkeiten der Mensch hat, die Bienen zu stärken und zu schützen. Das ist eine sehr wesentliche Frage. Es liegt auf der Hand, dass es keine einfachen Antworten geben kann. Imker auf der ganzen Welt bemühen sich gewissenhaft und in großer Sorge um Antworten. Mit dieser Untersuchung hoffe ich, einen Beitrag zu dieser Suche zu leisten.

VII DIE DROHNEN

Das Wesen der Drohnen

Von einem Bienerich habe ich einmal die folgenden Worte gehört: «Wenn ihr das Geheimnis der Drohnen kennt, habt ihr die Bienen erkannt. In den Drohnen liegt das Bienengeheimnis.» Das ist eine der vielen rätselhaften Auskünfte, die ich von den Bienerichen erhalten habe.

Drohnen werden die männlichen Bienen genannt. Ihre Aufgabe besteht darin, die Königin während ihres Hochzeitsfluges zu begatten. Dazu besuchen die Drohnen der verschiedenen Völker besondere Plätze, sogenannte Drohnensammelplätze, an denen sie die verschiedenen Jungköniginnen erwarten. Die Drohnen sind nicht wie die Arbeiterinnen und erst recht die Königin an ein bestimmtes Bienenvolk gebunden. Sie werden zwar in einem Volk geboren, wandern jedoch während ihres Lebens von einem Volk zum anderen, ohne abgewiesen zu werden. Während fremde Arbeiterinnen von den Wächterbienen kaum eingelassen werden, lassen sie Drohnen gewähren. Das heißt, dass die Drohnen ein verbindendes Glied zwischen den verschiedenen Bienenvölkern darstellen.

Die Drohnen beteiligen sich in keiner Weise an den verschiedenen Arbeiten, die zur Erhaltung eines Volkes nötig sind. Nicht einmal zu ihrer eigenen Ernährung tragen sie selbst etwas bei. Wenn sie nicht mehr zur Begattung der Königin erforderlich sind, werden sie deshalb auch aus dem Volk vertrieben und dem Hungertod preisgegeben. Das geschieht im Spätsommer. Die Drohnen wachsen in Zellen heran, die etwas größer sind als die Zellen der Arbeiterinnen. Der Imker kann deshalb die Drohnenbrut und die Brut der Arbeiterinnen auseinanderhalten. Auch die Drohnen lassen sich mit bloßem Auge von den Arbeiterinnen unterscheiden. Ihr Körper ist größer und mächtiger, das Summen, das sie von sich geben, tiefer. Und im Unterschied zur Königin und zu den Arbeiterinnen besitzen die Drohnen keinen Giftstachel.

Die Lebensweise der Drohnen erscheint derjenigen der Arbeiterinnen polar entgegengesetzt. Während diese eine Fülle von Aufgaben zu bewältigen haben, scheint das Leben der einzelnen Drohne nur auf die Paarung mit einer Königin ausgerichtet zu sein: Darin besteht scheinbar ihre einzige Aufgabe. Im Übrigen führt sie ein eher ruhiges und bequemes Leben. Das ist der Grund, weshalb man Beschreibungen über die Bienen finden kann, in denen die Drohnen als Schmarotzer und Faulpelze dargestellt werden.

Es ist offensichtlich, dass das Wesen der Drohnen schwieriger zu erfassen ist als das Wesen der Arbeiterinnen. In den Drohnen begegnet man einem Wesen, das, anders als das der Arbeiterinnen und auch der Königin, sich mehr verbirgt als offenbart. Sie zeigen ihr Wesen viel zurückhaltender als die Arbeiterinnen. In einer gewissen Weise täuschen sie den Betrachter. Ähnliches lässt sich von den Arbeiterinnen nicht sagen. Die Arbeiterinnen offenbaren ihr Wesen durch ihre Tätigkeiten.

Achtung dem Wesen der Drohnen entgegenzubringen, ist eine unerlässliche Voraussetzung dafür, sie erkennen zu können. Sie erweisen sich als wehrlose Tiere von ruhiger Wesensart. Die starke Neigung der Arbeiterinnen, sich zu bewegen, ist ihnen fremd. Sie zeichnen sich diesen gegenüber durch Geschlossenheit und Einheit ihres Wesens aus. Sie sind nicht getrieben vom Drang zu beständiger Arbeit. Ihre Kraft kommt aus der Ruhe und Stille ihres Wesens. Die Drohne kann der unmittelbaren Anschauung als die reifere, die gereifte Biene erscheinen.

Man gewinnt den Eindruck, dass ein bedeutender Teil des Wesens der Drohne nicht in die äußere Erscheinung tritt. Im Gegensatz zur Arbeiterin befindet sich die Drohne mit anderen Worten in einem Zustand, der dem Schlaf des Menschen ähnelt. Ihre Wesenseigenheiten offenbaren sich nicht, sie bleiben in einem geistigen Zustand, wie das bei einem schlafenden Menschen der Fall ist. So lässt sich sagen, dass die Arbeiterin die Tagseite im Leben des Bienenvolkes verkörpert, die Drohne die Nachtseite. Im Schlaf offenbart sich das Wesen des Menschen unvollständig. Aus diesem geistigen Dasein erhebt sich aber das wache Tagesbewusstsein. Ohne den Schlaf gäbe es kein Wachen. In einer ähnlichen Art stehen die Drohnen zu den Arbeiterinnen. Der Schlaf der Drohnen ist die Grundlage für die Wachheit, die Aktivität der Arbeiterinnen. Nur weil jene schlafen, können diese wachen und so wirkungsvoll tätig sein für das Bienenvolk. Ohne die Drohnen fehlte ihnen die Ruhe, die Stille, die eine vorrangig geistige Qualität ist.

Drohnensammelplätze

Drohnensammelplätze sind besondere Orte in der Landschaft. Michael Weiler schreibt in seinem hervorragenden Bienenbuch dazu: «Lange Zeit wusste man nichts darüber, was eigentlich die Drohnen im Bienenvolk zu tun haben, und man wusste auch nicht, wo sie hinfliegen. Immer wieder tauchten Darstellungen auf von sog. ‹Drohnensammelplätzen›, die sich irgendwo in der Natur befinden sollen, aber ohne dass man genau wusste, was man sich darunter vorzustellen hätte. Inzwischen ist es möglich, bestimmte Phänomene dieser Plätze darzustellen.

Offenbar sammeln sich alljährlich von Anfang Mai bis Ende August an immer gleichen Orten in der Landschaft die flugfähigen Drohnen aus den Bienenvölkern der Umgebung. Dort durchfliegen sie bei trockenem, warmen Wetter etwa von 11–17 Uhr in gewissem Umkreis die Luft. Und zwar fliegen sie so schnell hin und her, dass sie mit den Augen nicht zu sehen sind. Lediglich an dem dort hörbaren tiefen Summen der Drohnen sind diese Plätze zu erkennen. Durch einen emporgeschleuderten Stein, den einige Drohnen anfliegen, kann man sie kurz sichtbar machen. Mit einem Heliumballon, an dessen Schleppleine eine gekäfigte Königin als Köder befestigt ist, kann man Höhe und Umfang solcher Areale feststellen. Sobald man diese verlässt, folgen keine Drohnen mehr nach. Auf solche, künstlich provozierte Weise war es auch schon möglich, die Begattung einer Königin zu filmen.»[2]

Eine Königin wird in der Regel von Drohnen aus mehreren Völkern begattet. Ihre Samenblase enthält danach Spermien von verschiedenen Drohnen. Königinnen können auch außerhalb eines Drohnensammelplatzes begattet werden. Dennoch findet die Begattung bevorzugt an einem Drohnensammelplatz statt. Mit diesen Plätzen muss es eine besondere Bewandtnis haben.

Einem Drohnensammelplatz liegt ein geistiges Kraftgebilde zugrunde. Dieses Kraftgebilde ist übersinnlich wahrnehmbar. Dadurch wird ein Raum gebildet, in dem die Begattung einer Königin stattfinden kann. Die Begattung bedeutet, dass die Bienenkönigin das Urbild der Bienen empfängt. Die Drohnensammelplätze scheinen dafür die besten Voraussetzungen zu bieten.

Die übersinnliche Untersuchung dieser geheimnisvollen Plätze ist noch nicht abgeschlossen. So viel hat sich mir bisher gezeigt, dass sich ein Drohnensammelplatz durch die Anwesenheit starker Erdkräfte auszeichnet. Der Drohnensammelplatz als Ganzes nimmt eine domartige Form an. Man kann beobachten, dass er von wehendem Licht durchzogen ist. Hohe Lichtgeister durchströmen ihn. Von unten aus der Erde wird das Kraftgebilde fortwährend hervorgebracht. Seine Form hat es von den Kräften der Erde. Die Drohnen fliegen in das Kraftgebilde hinein, und man hat den Eindruck, dass sie in dem strömenden Licht schwimmen. In Scharen taumeln sie durch die Luft und das Licht und verfolgen die hinzukommenden Jungköniginnen. Die Drohnensammelplätze bestehen, solange es Jungköniginnen gibt. Sobald die Begattungszeit im Laufe des Juli aufhört, sinken die Drohnensammelplätze in sich zusammen.

Die Drohnensammelplätze sind heilige Plätze der Landschaft. Eine eigenartige Stimmung ist an diesen Plätzen zu erleben. Mit einiger Berechtigung kann man sagen, dass ein Drohnensammelplatz der Bienenkorb der Drohnen ist. Er hat nur keine sichtbare Gestalt. Die Drohnensammelplätze sind Behausungen, die den Drohnen gemäß sind. Sie entsprechen ihrem Wesen. Im physischen Bienenstock wachsen die Drohnen auf und werden ernährt. Der Drohnensammelplatz ist aber der Ort, an dem sie ihr Wesen unverfälscht zeigen können. Für sie ist das Bienenvolk, das sie hervorgebracht hat, zu klein. Sie streben nach anderem. Die Drohnen haben einen universellen Charakter. Sie gehören nicht, wie die Arbeiterinnen, einem einzelnen Volk an. Der Entfaltung ihres Wesens entspricht ein geistiger Bienenkorb.

Die Bedeutung der Drohnen für das Bienenvolk

Es ist geschildert worden, dass die Arbeiterin eine besondere Beziehung zur Sonne hat. Das drückt sich darin aus, dass von den fliegenden Arbeiterinnen eine Strahlung aufsteigt, die bis in den geistigen Bereich wirkt, in den die Seele des Menschen eintritt, wenn er schläft. Besonders kommt diese Strahlung im Sonnenbereich zur Wirkung. Das hat zur Folge, dass die Seele, wenn sie die Sonne auf ihrem Weg nach dem Einschlafen durchquert, von der Wirkung ergriffen wird, die von den Arbeiterinnen ausgeht. Es ist dies, wie beschrieben, eine heilende Wirkung.

Von den Drohnen geht auf die Seele des Menschen keine vergleichbare geistige Wirkung aus. Umso mehr sind sie geistig wirksam für das Bienenvolk selber. Diese besondere Qualität, die das Bienenvolk durch die Drohnen erfährt, findet ihren Ausdruck in der äußerlichen Tatsache, dass sie nicht an ein einzelnes Volk gebunden sind. Sie bilden eine Gemeinschaft, die zwischen den einzelnen Bienenvölkern vagabundiert. Ihr «Bienenkorb» hat eine sehr weite Ausdehnung. Er umfasst die Gesamtheit der Bienenvölker einer bestimmten Gegend.

Die Drohnen überwinden sozusagen durch ihr Dasein das einzelne Volk. Man übertreibt deshalb nicht, wenn man sie als die Verkörperung eines Bewusstseins betrachtet, das über das einzelne Volk hinausreicht. Durch die Drohnen lebt eine kosmische Qualität unter den Bienen, die sich weder durch die Arbeiterinnen noch die Königin manifestieren kann. Die Drohnen bilden für das Bienenvolk die Brücke zum Kosmos. Zu beachten ist dabei, dass die Drohnen diese kosmische Verbundenheit dem Volk nicht dadurch ermöglichen, dass sie sich von der Erde abwenden. Im Gegenteil, man kann sogar den Eindruck gewinnen, dass sie tief mit dem Dasein der Erde verbunden sind. Nur drückt sich diese Verbindung nicht wie bei den Arbeiterinnen dadurch aus, dass sie den konkreten Substanzströmen zugewandt sind, sondern durch ihre Zuwendung zur Erde als einem geistigen Wesen. Die Drohnen sind Träger kosmischer Impulse und verbinden das Bienenvolk mit dem geistigen Wesen der Erde. Das ist nun der Grund für ihre Wesensart, die sich von den physischen Gegebenheiten weitgehend unbeeindruckt zeigt. Sie müssen sogar gefüttert werden und gelten als faul und träge. Aber sie könnten ihren Beitrag für das Bienenvolk nicht leisten, wenn sie von anderer Wesensart wären.

Durch die Gesamtheit der Drohnen öffnen sich die Bienen einer aus kosmischen Weiten stammenden Wirksamkeit. Diese bildet die kosmische Schale des Bienenvolkes. Die weiteste geistige Umhüllung wird dem Volk durch die Drohnen zuteil.

Ein wesentlicher Unterschied zwischen den Arbeiterinnen und Drohnen besteht darin, dass die Drohnen nur bis in den Spätsommer im Volk verbleiben. Sie werden von den Arbeiterinnen aus dem Volk gedrängt und verhungern, sobald nicht mehr zu erwarten ist, dass sie zur Begattung einer Königin noch gebraucht werden. Die Arbeiterinnen und die Königin bilden in der nun folgenden Zeit das Bienenvolk. Es tritt im Winter in einen besonderen Zustand ein. Es schließt sich von der physischen Erdenwelt ab und bildet eine Welt für sich. Die übersinnliche Beobachtung zeigt, dass sich ein Bienenvolk während der Winterruhe gar nicht innerhalb der irdischen Lebensverhältnisse befindet. Es ist durch die Königin, die sich von ihrem Körper gelöst hat, mit dem kosmischen Geschehen, das sich im Winter in der Erde ereignet, verbunden. Der Einfluss der Drohnen, ihre kosmische Gaben an das Bienenvolk sind im Winter gar nicht notwendig.

Zu Beginn des neuen Jahrs schlüpfen wieder Drohnen. Das Volk erwacht erneut für die irdischen Lebensbedingungen der Erde. Durch die wieder erscheinenden Drohnen erhält es den kosmischen Lebensgrund zurück, den es braucht, um unter den irdischen Bedingungen wirksam sein zu können.

Mit dieser Darstellung ist das Geheimnis der Drohnen nicht erschöpfend erklärt. Sie stellt vielmehr einen ersten Versuch dar, das Wesen der Drohnen zu entziffern. Denjenigen, die sich um die Erkenntnis des Bienenwesens bemühen, geben die Drohnen noch viele Rätsel auf.

VIII Die drei Bienenwesen

Das Bienenvolk besteht aus drei verschiedenen Bienenwesen, aus der Königin, den Arbeiterinnen und den Drohnen. Jedes der drei Bienenwesen hat ganz bestimmte, bedeutungsvolle Aufgaben. Der Zusammenhalt, den das Bienenvolk bildet, beruht darauf, dass jedes der drei Wesen seine Aufgaben erfüllt.

Die Königin ist die Mutter des Volkes. Alle Bienen stammen aus den Eiern, die sie gelegt hat. Die Entwicklung und das Wachstum des Volkes geht durch ihre Leiblichkeit hindurch. Von diesem Gebärstrom hängt das Leben des gesamten Volkes ab. Die Königin ist dazu geschaffen, den kosmischen Strom des Lebens zu empfangen, aus dem das Volk hervorgeht. Sie empfängt ihr Volk. Das ist der Grund, weshalb ein Volk, das seine Königin verliert und keine neue Königin nachschaffen kann, stirbt. Die Königin verbindet das Bienenvolk durch ihren Weg durch die winterliche Erde aber auch mit dem Kraftstrom der Erde. Kosmische und irdische Kräfteströme vereinigen sich in der Bienenkönigin und gehen von ihr auf das Volk über. Durch ihr Wesen wird das Bienenvolk in die geistigen Kräfteströme von Erde und Kosmos hineingestellt.

Während sich die Königin um das, was die konkrete Lebenswelt des Volkes ausmacht, gar nicht kümmert, besteht die Aufgabe der Arbeiterinnen gerade darin, das Volk mit der unmittelbaren Umwelt zu verbinden. Alle Substanzverwandlungen und Substanzveredelungen gehen durch das hindurch, was man die gemeinsame Leiblichkeit der Arbeiterinnen nennen kann. Es werden große Mengen von Substanzen durch die Arbeiterinnen gesammelt, umgewandelt und gebildet. Nektar, Honig, Wachs, Pollen, Propolis bedürfen ihrer aufmerksamen und gemeinsamen Pflege und Behandlung. Aber auch die Aufzucht der Brut und der Königin sowie die Aufsicht über das Klima im Bienenstock gehören zu ihren Aufgaben. Sie verteidigen das Volk, bauen und erneuern die Waben, bilden neue Schwärme oder ziehen sich im Winter zur Wintertraube zusammen. Wenn man die

Tätigkeiten der Arbeiterinnen in ihrer Gesamtheit betrachtet, kann man nur staunen über die Weisheit, durch die ein Bienenvolk gelenkt wird. Die Arbeiterinnen – das erlebt jeder, der sich mit den Bienen beschäftigt – bilden den lebendigen, aus vielen tausend Einzelwesen bestehenden Leib, durch den diese Weisheit spricht und sich offenbart.

Die Drohnen haben die Aufgabe, die Jungköniginnen zu begatten und suchen dazu, wie bereits beschrieben, Drohnensammelplätze auf. Die Drohnen werden vom Volk nicht in die Winterruhe mit hineingenommen, sondern von den Arbeiterinnen im Spätsommer aus dem Stock hinausgetrieben, wobei sie sterben.

Die Bienenkönigin ist ein Wesen, durch welches das geistige Licht spricht. Ihr Wesen lebt in der Qualität, die sich zwar in dem sinnlich wahrnehmbaren Licht offenbart, aber trotzdem unsichtbar bleibt. Doch nicht nur der äußeren Sonne, von der das Leben auf der Erde abhängt, ist das Wesen der Bienenkönigin hingegeben, sondern ebenso der inneren Sonne, der Mitternachtssonne, der Erdensonne.

Die Bienenkönigin hält die Verbindung aufrecht zwischen den Arbeiterinnen, die in der Welt des äußeren Lichts wirken, und der geistigen Sonne der Erde. Ihr Geheimnis liegt in dieser Aufgabe. Sie vermittelt den Arbeiterinnen eine Lebenskraft, die sie selbst nicht hervorbringen können und ohne die sie ihre Aufgaben nicht erfüllen könnten. Sie werden durch ihre Königin von dem Licht der inneren Sonne berührt und durchdrungen. Deshalb ist sie auch ihre *Königin*. Wenn man nur die Rolle der Bienenkönigin bei der Fortpflanzung ins Auge fasst, würde die Bezeichnung Bienenmutter genügen. Sie ist jedoch die Königin der Bienen. Darin drückt sich etwas aus, was über das Mutterhafte hinausgeht und auf übergeordnete, geistige Bereiche des Bienenvolkes hinweist.

Wir haben gesehen, wie die Drohnen eine Gemeinschaft bilden, die sich nur still und unaufdringlich offenbart. Dafür sind sie aber für kosmische Einflüsse sehr offen. Diese kosmische Orientierung der Drohnen wirkt so auf das Volk, dass es in den Erdenverhältnissen zur Ruhe und Harmonie findet. Die kosmisch-geistige Schale, welche die Drohnen bilden, versieht das Bienenvolk mit einer Kraft der Hingabe, die ihm dazu verhilft, sich in das Erdendasein erst hineinzustellen. Gerade das dem Kosmos zugewandte Wesen der Drohnen ermöglicht dem Volk, sich der Erde hinzugeben. Dazu passt, dass die Drohnen die Königin durch die Befruchtung daran hindern, in die Sonne hineinzusterben. Sie rufen sie ins Erdenleben zurück. Es ist die Kraft ihrer Hingabe, die bewirkt, dass die Königin wieder zurückkehrt.

Die Arbeiterin gilt als die Biene schlechthin. Das Volk besteht zahlenmäßig vor allem aus Arbeiterinnen. Deren herausragendes Merkmal ist die Wandelbarkeit ihres Organismus und die daraus resultierende Vielseitigkeit, die sich in den verschiedenen Tätigkeiten ausdrückt, die von den Arbeiterinnen während ihres Lebens bewältigt werden. Ihr Organismus besitzt in hohem Maße die Gabe, keimhaft zu bleiben.

Darin liegt auch der Grund für die Fähigkeit der Arbeiterin, die zahlreichen für das Bienenvolk lebensnotwendigen Substanzen hervorzubringen. Es ist auf diese Fähigkeit oben bereits hingewiesen worden. Diese Tätigkeiten, die durch die Arbeiterinnen an den Substanzen sinnlich wahrnehmbar vollzogen werden, haben eine geistige Seite. Sie sind die Voraussetzung für die geistige Verwandlungsarbeit der Arbeiterinnen. Es ist beschrieben worden, dass die Astralität der Erde für die Arbeiterin eine wesentliche Realität darstellt. Sie fliegt durch die Astralschichten der Erde hindurch. Dem, was die Menschen durch ihre Seelenregungen der Astralhülle der Erde einprägen, sind die ausfliegenden Arbeiterinnen unmittelbar ausgesetzt. Doch sie belassen die Astralität nicht so, wie sie ist. Sie wandeln sie um. Sie lichten sie durch ihr Fliegen und Tätigsein. Diese Verwandlungsarbeit ist das tiefe Geheimnis der Arbeiterinnen.

Durch sie wird das, was als kalte, gräuliche und erstarrte Astralität sich über die Lebenswelt der Erde ausbreitet, zu einem gewissen Teil wieder hell, leuchtend und farbig.

Zusammenfassend kann man sagen, dass jedes der drei Bienenwesen auf seine Weise hüllenbildend für das gesamte Volk wirksam ist. Bei der Königin ist diese Wirkung am offensichtlichsten, denn das Volk wird einerseits durch ihren Gang durch die Nacht der Erde im Winter und andererseits durch ihren Hochzeitsflug in einer bestimmten Art mit den irdischen und kosmischen Verhältnissen verbunden. Auch die Arbeiterinnen haben hüllenbildende Aufgaben. Sie sind am ehesten mit der Erde selbst und den physischen Lebensbedingungen verwoben. Ihre Hingabe an die Substanzen der Erde, die Verwandlungsprozesse, denen sie diese Substanzen unterziehen, und ihre gesamte Tätigkeit bilden ebenfalls eine Hülle für das Bienenvolk. Diese Hülle ist von allen geistigen Hüllen des Bienenvolkes der physischen Welt am nächsten. Bezeichnenderweise sind es die Arbeiterinnen, die das Wachs aus ihrem Körper hervorbringen und es zu den Waben formen, die das innere Gerüst des Volkes bilden. Die Drohnen geben durch ihr Dasein dem Bienenvolk eine weitere Hülle. Diese ist, wie beschrieben wurde, kosmischer Natur. Durch sie gliedert sich das Bienenvolk dem Kosmos ein.

IX Das hohe Bienenwesen

Das hohe Bienenwesen und die Erde

Jede Tierart wird von einer hohen Wesenheit aus der geistigen Welt gehütet. Das gilt selbstverständlich auch für die Bienen. Dieses hohe Bienenwesen trägt das geistige Urbild, nach dem die Honigbienen geschaffen werden. Die Form- und Schöpferkräfte, durch welche die Bienen ursächlich hervorgebracht werden, haben ihren Ursprung in dem hohen Bienenwesen. Es ist Träger der Weisheit, die sich in den einzelnen Bienen bis in den Bau ihres Körpers hinein offenbart und aus der die Arbeiterinnen, die Königin und die Drohnen hervorgehen.

Der Wirkungsbereich dieser hohe Wesenheit, die man auch die Gruppenseele der Bienen nennt, erstreckt sich über die gesamte Erde. Die übersinnliche Betrachtung ergibt, dass sie jeweils in einer bestimmten Weise den hohen Wesenheiten zugeneigt ist, aus denen die Tiere, die Pflanzen und die Mineralien hervorgehen. Die Engel der verschiedenen Naturreiche bilden ein Ganzes. Das heißt, dass die Engel, welche die Urbilder der Pflanzen und der Tiere hüten, untereinander in ganz bestimmten Verhältnissen stehen. Zwischen ihnen fließen Lebensströme, die für sie von großer Bedeutung sind. Ohne diese könnte kein Wesen der geistigen Welt bestehen. Das gilt im gleichen Maße für das hohe Bienenwesen wie für die anderen Wesen, welche die Urbilder der Mineralien, Pflanzen, Tiere und auch der Menschen hüten.

Das hohe Bienenwesen, die Gruppenseele der Bienen, ist, wie gesagt, tief mit der Erde selber verbunden. Die übersinnliche Beobachtung zeigt, dass es einen bedeutsamen Bezug zur inneren Sonne der Erde hat. Das hohe Bienenwesen ist mit der Erde insofern vereinigt, als es Träger ist der heiligen, der erneuerten, der verjüngten Erde. In ihm lebt bereits die neue, die erlöste, die zukünftige Erde. Deshalb ist es eine Wesenheit, die sich durch und über die gesamte Erde erstreckt. Das hohe

Bienenwesen ist nicht auf die Bienenvölker beschränkt, sondern hat Aufgaben, welche die gesamte Erde und deren Entwicklung mit einschließen. Das Bienenwesen ist eine hohe Wesenheit unter den Tieren. Es hat umfassende Aufgaben, die mit dem Erhalt und der Hervorbringung der Bienen nicht erschöpft sind. Es ist der Mitternachtssonne der Erde zugewandt. Die Kraft und Wesenheit der geistigen Sonne der inneren Erde lebt in dem Urbildwesen der Bienen. Aus ihr und für sie leben die Bienen. Sie ist ihre eigentliche Mutter. Das hohe Bienenwesen ist in einem gewissen Sinn der Vermittler zwischen der einzelnen Biene und der Mitternachtssonne der Erde.

Christus ist durch das Geschehen auf Golgatha zur Zeitenwende eingezogen in die Erde. Er ist zu dem hohen Geist der Erde geworden. Ihm ist das hohe Bienenwesen treu ergeben. Ihm dienen aber auch die einzelnen Bienen. Sie sind die Kinder der Bienenkönigin, sie sind aber auch die Kinder des hohen Bienenwesens, denn es lebt in ihnen und durch sie, und die Bienen leben durch es. Sie sind aber auch Diener der Christuswesenheit. Das hohe Bienenwesen steht im Lebensstrom des Christus. Und auch jedes einzelne Bienlein steht in diesem Lebensstrom.

Im hohen Bienenwesen lebt schon die erlöste, die neue, die verjüngte Erde. Die Erde ist in ihrem Innern heil. An dem hohen Bienenwesen tritt in Erscheinung das, was der heile, der gesunde, der lebensvolle Kern und Keim der Erde ist. In dem Lebensstrom der heilenden, der heilen Erde steht das hohe Bienenwesen und stehen alle deren Kinder und auch die Elementarwesen, die mit den Bienen verbunden sind.

Die Arbeit der Bienen besteht nun darin, die Erde zu verjüngen. Das Wesen der Bienen ist daraus zu verstehen, dass sie ein lebendiges Bild des Verjüngungsgeschehens der Erde sind. Die Verwandlung der Finsternis in Licht und ebenso die Verwandlung des Lichts in Finsternis geschieht in ihnen und durch sie. Schwere wandelt sich in Leichte und Leichte in Schwere, Verzweiflung in Hoffnung und Hoffnung in Verzweiflung. Die Bienen sind Tiere des Übergangs, der Verwandlung. Sie gehören der Finsternis und dem Licht an, der Schwere und der Leichte, der Verzweiflung und der Hoffnung. In ihnen begegnen sich die großen Polaritäten des Lebens. Sie stehen zwischen diesen, ihnen ausgesetzt und zwischen ihnen vermittelnd mit der Aufgabe, die Gegensätze des Lebens aufzuheben. Das hohe Bienenwesen ist Träger des Urbildes dieser Wandlungsaufgaben der Bienen.

Bis in die Prozesse, die mit den Substanzen zusammenhängen, die von den Bienen hervorgebracht werden, ist zu erkennen, worin die Impulse bestehen, die von dem hohen Bienenwesen ausgehen. Es sind Verwandlungsimpulse, die der Erde gelten. Gerade im Wachs und im Honig hat man Substanzen vor sich, die mit der Verwandlung der Erde, mit der Verjüngung und Erlösung der alten Erde, zu tun haben. Man kann diese Substanzen nicht anschauen, ohne gleichzeitig einzutauchen in das Licht der Erde und sich damit zu verbinden. In ihnen erscheint Erdenlicht. Sie sind vor allem Substanzen des inneren Lichts der Erde.

Bereits im Prozess der Hervorbringung des Wachses durch die einzelne Biene ist ein Erlösungsvorgang zu sehen. Im weißen jungfräulichen Wachs leben nicht nur die Kräfte und Wirkungen des Lichts. In seiner Hervorbringung ist zudem ein Strom erkennbar, der zeigt, wie das Wachs von der einzelnen Biene aus der Dunkelheit hervorgeholt wird, die sich über die Erde erstreckt als unverwandelte Astralität der Menschen. Im jungfräulichen Wachs wird ein Verwandlungsgeschehen erkennbar, das den Menschen tief betrifft. Dadurch wird die Erdenastralität entlastet, sie wird lichter, leichter und farbiger. Die Erde wird von Lasten befreit, die der Mensch ihr durch seine ungeläuterten Triebe, Motive und Lebensäußerungen auflädt. Die Hervorbringung des Wachses durch die Bienen wirkt schon in dieser Richtung.

Der Honigprozess hat ebenfalls einen tiefen Zusammenhang mit dem Menschen. Er hat zu tun mit der Heilung des menschlichen Blutes. Durch das Einsammeln des Nektars durch die Arbeiterinnen und den Vorgang der Honigreifung in den Waben des Bienenvolkes wird ein Prozess unterstützt, der mit der Reinigung der geistigen Substanzen zu tun hat, die sich in der Erde befinden und durch die das Blut des Menschen schwer und dunkel wird. Es sind dies äußerst zerstörerische Kräfte. Sie haben durch die Erde einen schädigenden Einfluss auf das Blut des Menschen. Sie ziehen das Blut hinab, so dass es der Entwicklung und dem Wesen des Menschen weniger zur Verfügung steht, als es eigentlich sollte. Jeder Mensch trägt, weil er einen physischen und lebendigen Körper besitzt, das große Verwandlungsgeschehen der Erde mit. Sein Blut ist das Organ, durch das die Verwandlung vor allem vor sich geht. Es wird immer auch durch die Kräfte geschwächt, die in der Erde, in ihrer geistigen Organisation liegen. Die Arbeit der Bienen, durch die sie den Nektar, den sie von den Blüten einsammeln, in kostbaren Honig verwandeln, dient der Befreiung der geistigen Organisation der Erde von den Kräften, die einen schädigenden Einfluss auf das Blut des Menschen haben.

X Das Bienenvolk

Das Urbild des Bienenvolkes

Wer sich eingehend mit den Bienen befasst, wird an den Punkt kommen, an dem er tief berührt, ja überwältigt wird von der Weisheit, die in jedem Bienenvolk lebt. Jedes Volk besteht aus vielen tausend einzelnen Tieren. Wer ihnen bei der Arbeit zuschaut, kann sich des Eindrucks nicht erwehren, dass sie von einem gemeinsamen geheimnisvollen Willen getrieben und gelenkt werden. Die einzelne Biene scheint ganz genau zu wissen, was sie zu tun hat, ohne dass ersichtlich wäre, wie sie davon wissen kann. In jedem Bienenvolk finden die verschiedensten Lebensprozesse gleichzeitig statt. Man muss nur einmal an die vielen Substanzströme denken, die nebeneinander und aufeinander abgestimmt fließen. So ist das Sammeln des Nektars und die Bereitung des Honigs ein sehr kompliziertes Geschehen, an dem das gesamte Volk beteiligt ist. Parallel wird die Brut von vielen, meist jungen Bienen gepflegt und gefüttert. Daneben gilt es, den Wärmehaushalt und die Luftfeuchtigkeit zu regulieren, die spezifischen Aufgaben zu erfüllen, die durch die Zyklen des Jahreslaufs bestimmt werden, und zu schwärmen. Außerdem hat das Volk die Fähigkeit, auf die sich beständig ändernden äußeren Bedingungen, zum Beispiel Witterung, Tracht, besonderer Standort des Volkes, zu reagieren.

Ein Bienenvolk ist ein lebendiger Organismus, der sich äußerst weisheitsvoll verhält. Die Tausende von Einzeltiere leben in einem harmonischen Zustand zusammen. Wie ist das möglich, obwohl doch dem einzelnen Tier offenkundig die Übersicht fehlt? Beständig werden von einer Vielzahl von Einzelwesen sehr viele Entscheidungen getroffen, damit das Volk auf die sich laufend ändernden inneren und äußeren Lebensbedingungen in der richtigen Weise reagieren kann. Offensichtlich ist ein übergeordnetes Bewusstsein in dem Bienenvolk wirksam, durch das die vielen Einzeltiere erst eine Ganzheit bilden. Aber welche Vorstellungen kann man sich von diesem weisheitsvollen Bewusstsein machen? Woher weiß jedes Tier, was es zu tun hat? Wodurch wird es gelenkt? Finden sich Begriffe, mit denen diese Weisheit zu beschreiben ist? Das sind wesentliche Fragen, die bestimmt schon oft gestellt worden sind. Es liegt in ihrer Natur, dass sie sich nicht leicht beantworten lassen. Es soll ausdrücklich gesagt werden, dass die folgende Darstellung nicht den Anspruch erhebt, endgültige Antworten auf die Fragen nach dem Urbild und der Weisheit der Biene zu geben. Es sollen aber Hinweise und Aspekte zusammengetragen werden, die dazu dienen können, schlüssigen Antworten näher zu kommen.

Wenn der Imker von der Eigenheit der einzelnen Völker spricht, meint er das Besondere, das er an jedem seiner Bienenvölker erlebt. Durch die Erfahrungen, die er gesammelt hat, kennt er deren «Sprache». Ich möchte hier nicht die Frage behandeln, ob es gerechtfertigt ist, den Begriff der Individualität auf die Wesenseigenschaften der Bienenvölker anzuwenden. Die Unterschiede einzelner Völker können sehr groß sein und sind für den Beobachter deutlich wahrnehmbar. Es ist schwierig, Begriffe zu finden, durch die sich diese Unterschiede beschreiben lassen. Genauso stellt sich die Frage, was denn für diese Unterschiede verantwortlich ist. Die Behandlung dieses Fragenkomplexes wird einer späteren Darstellung überlassen.

Die Geburt eines Bienenvolkes: der Schwarm

Das Schwärmen hat für die Entwicklung des Bienenvolkes eine herausragende Bedeutung, denn es führt zu dessen Teilung und ist somit der Auftakt zur Vermehrung der Bienenvölker.

Wenn ein Bienenvolk schwärmt, verlässt ein Teil des Volkes den heimatlichen Bienenstock für immer. Er zieht aus. Diesem Auszug geht aber eine Teilung des Volkes im Innern des Bienenstocks voraus. Der Teil des Volkes, der zurückbleibt, bekommt erst dann eine neue Königin, wenn die alte Königin mit dem Schwarm ausgezogen ist. Die Jungkönigin schlüpft meist erst einige Tage nach dem Wegzug der alten Königin. Der Teil des Volkes, der mit der alten Bienenkönigin verbunden bleibt, zieht mit ihr aus, um ein neues Volk zu begründen. Der schwärmende Teil des Volkes steigt als eine schwirrende Wolke auf und umgibt eine Zeitlang noch den Bienenstand. Die Luft ist dann von fliegenden und summenden Bienen erfüllt, was dem Betrachter ein mitreißendes Schauspiel bietet.

In der Regel fällt das Schwärmen in die zweite Hälfte des Frühlings. Ausgelöst wird es durch die Entwicklung neuer Königinnen. Sie werden durch das Volk in ganz bestimmten Zellen, den Weiselzellen, herangezogen. Wenn sie ein gewisses Entwicklungsstadium erreicht haben, setzt das Schwarmgeschehen ein. Der alten Königin erwächst durch die heranreifenden Königinnen Konkurrenz, was das Volk veranlasst, eine Trennung zu vollziehen.

Die Arbeiterinnen bereiten die alte Königin auf den Ausflug vor, indem sie sie gewissermaßen einer Hungerkur unterziehen. Dadurch erlangt sie erst die Flugfähigkeit. Die zurückbleibenden Bienen haben zum Zeitpunkt des Schwärmens noch keine ausgeschlüpfte Königin. Eine der heranreifenden Königinnen wird, sobald sie geschlüpft ist, die bisherige Königin ersetzen. Die anderen heranreifenden Königinnen werden von den Arbeiterinnen getötet.

Das Abgehen eines Schwarms kündigt sich durch eine große Unruhe unter den Bienen an. Sie füllen ihre Mägen mit Honig für die Zeit, in der sie unterwegs sein werden. Der Schwarm geht nur bei sonnigem Wetter ab. Es bildet sich eine große Wolke von Tausenden von fliegenden und tanzenden Bienen, unter denen sich die Königin befindet.

Das Schwärmen bedeutet für die Bienen einen Ausnahmezustand. Ihre Behausung haben sie verlassen und eine neue noch nicht gefunden. Man hat den Eindruck, als würden sie in die Luft und das Licht hineingesogen. Der Schwarm ist ein kraftvolles Gebilde. Er bewegt sich wie ein Lebewesen durch die Luft. Die Bienen befinden sich in einem rauschähnlichen Zustand. Sie geben sich dem Raum, der Landschaft, dem Licht hin, bleiben aber dennoch miteinander in einem Zusammenhang.

In einer tanzenden Wolke bewegt sich der Schwarm vom alten Bienenstock weg. Nach einer Weile sammelt er sich dort, wo die Königin sich niederlässt, und bildet eine starke Zusammenballung. Häufig setzt sich diese sich bildende Schwarmtraube in einem Baum fest. Von dort muss der Schwarm eine geeignete Behausung finden. Wenn es dem Imker gelingt, ihn einzufangen und in einen Bienenkasten einzulogieren, hat er zu seinen bestehenden Völkern ein neues hinzugewonnen.

Die ausschwärmenden Bienen lassen die Brut, die sie gepflegt, die Vorräte, die sie angelegt, und die Waben, an denen sie mitgebaut haben, zurück. Damit verlieren sie ihren Schutz. Sie behalten aber ihre Königin. Was nun folgt ist ein Prozess, der dazu führt, dass die schwärmenden Bienen sich das wieder erschaffen, was sie aufgegeben haben. Sie suchen einen Platz, der ihnen Unterschlupf gewährt, bauen neue Waben, die sie wieder mit Vorräten füllen und in die hinein die Königin Eier legt, aus denen die nächste Bienengeneration hervorgeht. Die schwärmenden Bienen lösen sich aus dem Volk, in dem sie geboren worden sind, und verlieren den Zusammenhang mit dem Ort, an dem sie bisher gelebt haben. Das ist der Beginn eines Prozesses, der zur Bildung eines neuen Volkes führt. Ein Lebenszustand geht in einen anderen über. Die Bienen lassen die Bande, von denen sie bisher umschlossen waren, hinter sich. Auch die Königin löst sich von ihrem ursprünglichen Volk und dem Ort, an dem sie bisher gewohnt hat. Der Schwarm, der das angestammte Volk verlassen hat, ist aber noch kein Volk, denn er ist noch nicht überlebensfähig. Die Bedingungen sind noch nicht gefunden, die ein Überleben ermöglichen würden. Den Schwarm kann man deshalb als Keim eines neuen Volkes betrachten.

Während die Königin mit dem Schwarm mitgeht, bleibt der Bienerich des bestehenden Volkes zurück. Dennoch wird das schwärmende Volk von einem Bienerich begleitet. Es ist das ein Jungbienerich. Er stammt aus der Lehrlingsschaft des alten Bienerichs. Wenn sich ein Schwarm bildet, ruft der alte Bienerich einen der Lehrlinge auf, sich den schwärmenden Bienen anzuschließen. Die Schwarmbildung bedeutet deshalb auch die Geburt eines neuen Bienerichs.

Die übersinnliche Beobachtung des Schwarms zeigt, dass er einen starken Glanz ausstrahlt, der sich fortlaufend erneuert. Der Schwarm glänzt leuchtend auf. Er bildet ein Geschehen, durch das Licht geboren wird.

Wenn man verfolgt, was mit diesem leuchtenden Glanz geschieht, kann man sehen, dass er sehr flüchtig ist. Er steigt rasch auf und dringt in eine höhere Geistesregion der Erde, wo er sich mit den Seelen der Menschen verbindet, die dabei sind, sich von der Erde zu lösen. Zwischen den Menschenseelen, die sich von ihrem Erdenleben verabschieden, leuchtet der Glanz auf, der von den schwärmenden Bienen aufsteigt. Er vereinigt sich mit diesen Seelen. Dadurch erhalten sie eine Orientierung, die wichtig für sie sein kann. Denn die Orientierung an der Erde lassen die Verstorbenen zurück. Sie stehen nun in der Gefahr, von der Macht des Geistigen zu stark ergriffen zu werden. Das würde bedeuten, dass das Geistige gewissermaßen einschläfernd auf die Seelen wirkt. Der von den Bienenschwärmen ausgehende Strom verleiht ihnen aber eine formspendende Kraft, die ihnen hilft, einen inneren Zusammenhalt zu finden. Man kann auch sagen, dass die Seelen dadurch wacher bleiben. Ein weckender Impuls geht von den Bienenschwärmen auf die Seelen der Verstorbenen aus.

Indem sich der Zusammenhalt des Volkes auflöst, wenn es schwärmt, berührt das Bienenwesen die Seele der Menschen, die sich im Übergang zwischen der irdischen Welt und der geistigen Welt befinden. Die Bienen offenbaren dem Menschen ihr Wesen, aber sie offenbaren es nicht denen, die auf der Erde leben, sondern denen, die zwischen den Welten sind. Es ist das keine unwesentliche Erkenntnis. Denn dadurch wird offensichtlich, welcher Zusammenhang zwischen den Bienen und dem Menschen besteht. Die Bienen begegnen dem Menschen in der physischen Welt. Sie begegnen ihm aber auch in der geistigen Welt. Die Bienen sind Wesen des Übergangs. Sie stehen zwischen den Welten. Was sich von ihrem Wesen unter den Erdenbedingungen zeigt, ist nur ein Teil. Ihre Arbeit tun sie nicht nur für die Erde. Sie tun sie auch für die Seele der Menschen.

Die Schwarmtraube

Das Schwärmen löst unter den Bienen das Bedürfnis aus, sich wieder an einem Ort zu sammeln. Häufig geschieht das auf einem Baum in der Nähe des ehemaligen Bienenstocks. Der aus vielen tausend Einzelwesen bestehende Schwarm zieht sich zu einer einzigen Traube zusammen. Die Königin ist unter ihnen. Michael Weiler beschreibt diesen Vorgang folgendermaßen: «Es sind inzwischen gut fünf Minuten vergangen, seit das Schwärmen begonnen hat. An dem Flugloch herrscht ein fast normaler Sammelflugbetrieb, kaum noch zu unterscheiden von dem an den anderen Kästen. Das brausende Summen der schwärmenden Bienen gibt ein gleichmäßiges Klangbild; die Anzahl der Bienen, welche die Schwarmtraube anfliegen, um sich auf ihr niederzulassen, nimmt zu, wodurch diese langsam größer wird. [...] Etwa 15 Minuten nach Beginn sitzen fast alle Bienen an der Schwarmtraube, die jetzt etwa auf die Größe eines Sofakissens angewachsen ist. Ein Schwarm dieser Größe wiegt etwa 2 ½ kg und umfasst ca. 18000 bis 20000 Bienen mit Vorräten an aufgesaugtem Honig. Näher betrachtet zeigt sich, dass auch Drohnen im Schwarm sind und Bienen mit Pollenhöschen, die sich offenbar direkt nach ihrer Rückkehr vom Sammelflug dem Schwarm angeschlossen haben. Nach zwanzig Minuten ist wieder Ruhe am Stand eingekehrt; der Bienenflug ist wie vorher. Aus kurzer Entfernung besehen hängt der Schwarm scheinbar reglos am Baum. Ein ahnungslos Herzukommender würde ihn wahrscheinlich gar nicht bemerken.»[3]

Man kann gut fühlen, dass mit der Bildung der Schwarmtraube ein großes und feierliches Ereignis eintritt. Vor einer Schwarmtraube zu stehen, ist ein erhabenes Erlebnis. Ein kaum zu beschreibender Zauber und eine tiefe, geheimnisvolle Ruhe gehen von ihr aus. Man wird im Innersten bewegt und weiß gar nicht warum.

Die Bienen sind, wenn sie sich zur Schwarmtraube sammeln, immer noch auf Wanderschaft. Sie haben noch keine endgültige Behausung gefunden. Suchbienen machen sich auf den Weg und kundschaften die Umgebung nach geeigneten Orten aus, an denen sich das neue Volk niederlassen kann.

Meine Forschungen zeigen nun, dass etwas sehr Bedeutsames eintritt, während die ausgeschwärmten Bienen sich das erste Mal zu einer Schwarmtraube versammeln. Es ist der Augenblick, in dem der Schwarm, der sich von dem ursprünglichen Volk getrennt hat, zu sich selbst findet. Damit ist eine wesentliche Stufe erreicht, die schließlich dazu führt, dass der Schwarm zu einem eigenen Volk wird. Die Ruhe, die man um eine Schwarmtraube erlebt, ist der sinnfällige Ausdruck für diesen Vorgang.

Wenn ein Schwarm auszieht, lösen sich die Bienen vom Einfluss der Wesenheit, die wir als das hohe Elementarwesen kennengelernt haben, das den Bienenstandort hütet. Es hat keinen Einfluss auf den Schwarm. Die schwärmenden Bienen entschlüpfen seinem Mantel. Indem sie das tun, können sie die Wirksamkeit entfalten, von der die Rede war. Wenn sich nun die Schwarmtraube bildet, kehren die Bienen wieder in seinen Mantel zurück. Das zur Ruhe kommende Volk legt sich wieder in diese Wesenheit hinein.

Die Bildung der Schwarmtraube hat für den jungen Bienerich eine große Bedeutung. Er wird nämlich, nachdem er mit den schwärmenden Bienen mitgegangen ist, in sein neues Amt eingesetzt. Es ist zu beobachten, dass ihm, sobald sich die Schwarmtraube gebildet hat, das Bienenvolk anvertraut wird, über das er nun zu wachen hat. Es ist ein bedeutsamer Augenblick. Der Bienerich verbindet sich mit der ausgeschwärmten Königin. Er stellt sich in ihren Dienst. Wenn man den Bienerich in diesem Augenblick schaut, sieht man, in welcher Aufregung er sich inmitten der Bienen befindet. Er weiß um die Bedeutung dieses

Augenblicks, und er fühlt die Würde, die ihm dadurch verliehen wird.

Wahrzunehmen ist, dass sich in diesem Augenblick etwas vollzieht, das man als eine heilige Handlung, als ein Ritual bezeichnen kann. Es mag vielleicht verwundern, dass es solche Rituale in der Welt, die für die üblichen Sinne nicht vorhanden ist, gibt. Wer aber in die geistige Realität der Erde hinein fühlt oder schaut, wird immer wieder Gelegenheit haben, solchen heiligen Handlungen beizuwohnen. Die Elementarwesen sind Teil dieser Rituale, die aber eigentlich durch die Wesen der höheren geistigen Hierarchien vollzogen werden. Es gibt eine ganze Reihe von Ritualen unter den Elementarwesen, darunter auch Prozessionen. Besondere Naturstimmungen, zum Beispiel der Aufgang der Sonne, sind Hinweise darauf, dass unsichtbare Rituale in der elementaren und geistigen Welt vor sich gehen.

Die Beobachtung des geistigen Geschehens, dass sich ereignet, wenn sich eine Schwarmtraube das erste Mal bildet, zeigt, dass unter den ausgeschwärmten Bienen das geistige Urbild des Volkes anwesend ist. Die heilige Ordnung des Bienenvolkes legt sich als eine lebendige Kraft zwischen die Bienen. Durch diesen Vorgang wird das neue Volk initiiert.

Die Bienen, die zusammen eine Schwarmtraube bilden, werden vom Urbild des Bienenvolkes in einer Art durchdrungen, die schwer zu beschreiben ist. Das Urbild durchströmt sozusagen die versammelten Bienen. Das Volk entsteht, indem sich der ruhende Bienenschwarm mit dem Auftrag verbindet, der den Bienen aus der geistigen Welt zugedacht worden ist. Hinlauschend auf das, was in und mit der Schwarmtraube geschieht, kann man sich dem Auftrag, den die Bienen aus der geistigen Welt erhalten haben, annähern. In diesem Augenblick erklingt er, er wird von der geistigen Welt ausgesprochen. Durch das, was ausgesprochen wird, was zum Erklingen kommt, bildet sich ein neues Volk.

Bei diesem Vorgang kann die Gegenwart hoher Wesenheiten der geistigen Welt wahrgenommen werden. Die Bildung eines Bienenvolkes ist ein Ereignis, das auch von den geistigen Wesen der Landschaft begleitet wird. Die Zeit steht in diesem Augenblick still.

Der Einzug des Bienenvolkes

Nach einer gewissen Zeit, manchmal erst nach Tagen, löst sich die Schwarmtraube auf. Michael Weiler beschreibt diesen Vorgang und was sich darauf ereignet in eindrücklicher Weise: «Mit einem Male verändert sich das Verhalten des Schwarms. Die Bienen rennen flügelzitternd rasch anscheinend durcheinander. Alles wird locker, und die Schwarmtraube beginnt sich aufzulösen. In kurzer Zeit haben alle Bienen den Ansatzort verlassen, um in einer langgestreckten Wolke in einer Richtung gemeinsam wegzufliegen. Falls sie nicht allzu weit fliegen, gelingt es dem Beobachter vielleicht, ihnen zu folgen und er kann erleben, wie sich der Schwarm an einem neuen Platz sammelt und dort eventuell durch ein Loch oder einen Spalt in einer Höhlung verschwindet. Dies könnte ein hohler Baum sein oder eine Felsspalte; aber auch die Zwischendecke eines Fachwerkhauses oder der Raum zwischen den Brandschutzmauern zweier Häuser kann in Frage kommen. Ein großer leerer Nistkasten ist möglich, gar ein Kamin und nicht zuletzt ein unbesetzter, offenstehender Bienenkasten an einem anderen Stand.»[4]

Diese Beschreibung zeigt, wie der Schwarmprozess, der zur Bildung eines neuen Volkes führt, dann seinen Abschluss findet, wenn das Volk in eine neue Wohnung einzieht. Wenn das geschehen ist, fangen die Bienen sofort mit dem Wabenbau an, der die physische Grundlage ihres Zusammenlebens bildet.

Nachdem die ersten Waben gebaut sind, beginnt die Königin mit der Legearbeit. Der Fortbestand des Volkes ist gesichert. Der Prozess seiner Neubildung, der mit der Teilung des ursprünglichen Volkes und dem folgenden Ausschwärmen begann, ist nun abgeschlossen.

In dem bereits erwähnten weisheitsvollen Zusammenspiel der Bienen kommen Gesetze zur Erscheinung, die sich nicht erklären lassen, wenn man ausschließlich die physische Wirklichkeit gelten lässt. Die Bienen zeigen, dass die Begriffe der physischen Welt nicht hinreichen, ihr Zusammenleben als ein Volk zu erklären. Das schöpferische Prinzip der Erde ist geistiger Natur. Es ist offensichtlich, dass die geistigen Urbilder des Lebens der sinnlichen Anschauung nicht zugänglich sind. Aber auch wenn die Sinnesorgane nicht in der Lage sind, die geistigen Lebensprinzipien zu erfassen, kommen diese dennoch in den Lebewesen zum Ausdruck. Sie offenbaren sich in den Erscheinungen, die sich am einzelnen Wesen manifestieren. Diese sind der sinnlichen Anschauung zugänglich. Deshalb führt der Weg zum Erkennen des geistigen Urbildes eines Wesens über das Studium der einzelnen Lebensäußerungen, in denen es sich im Irdischen offenbart. Durch das Studium der einzelnen Lebensaspekte eines Wesens besteht nun die Möglichkeit, sich nicht nur dem Wesen zu nähern, wie es sich sinnlich offenbart, sondern auch dem geistigen Urbild, dem es entstammt.

Einerseits bleibt das geistige Urbild in den Einzelerscheinungen verborgen. Es ist sinnlich nicht wahrnehmbar. Andererseits kann man die geistige Gestalt eines Wesens erfassen, indem man sich in die einzelnen Lebenserscheinungen vertieft. Das lebendige Studium der Einzelheiten führt zum Ganzen, zum Urbild, wenn man zur sinnlichen eine innere, eine seelische Aktivität hinzunimmt. Man muss die sinnlich zu beobachtenden Einzelheiten wie Offenbarungen des Urbildes lesen. Das Urbild ist geistiger Natur. Was die Sinne von den Dingen und Wesen zeigen, ist aber ein Medium, in dem der Mensch durch innere seelische Aktivität lesen kann. Je genauer und klarer die sinnliche Beobachtung ist, desto leichter wird es, in die Bereiche des geistigen Lebens vorzustoßen, aus denen das Sinnliche hervorgeht. Wesentlich ist, dass man die einzelnen Lebenserscheinungen oder Aspekte als Offenbarungen der zugrundeliegenden geistigen Wesenhaftigkeit gelten lassen kann.

Dieser hier charakterisierte Weg zur Erkenntnis des Urbildes des Bienenvolkes soll nun anfänglich gegangen werden. Wenn man sich in die Lebenserscheinungen des Bienenvolkes vertieft, kann man zwölf Aspekte finden, durch die sich das Gesamtwesen der Bienen erfassen lässt.

Jedes Bienenvolk durchläuft einen bestimmten Jahreszyklus, dessen wesentliche sieben Stationen sich folgendermaßen bezeichnen lassen: Schwarm, Schwarmtraube, Einzug, Tag-Nacht-Rhythmus, Hochzeitsflug, Einwinterung, Wintertraube. Hinzu kommen fünf Aspekte, die weitere wichtige Wesensmerkmale eines Bienenvolkes beschreiben: die Beziehung zum Menschen (Imker), die Beziehung zur Landschaft, die Heilmittel der Bienen, das Licht der Bienen und der Tod eines Bienenvolkes.

Jeder dieser Aspekte hat eine wichtige Bedeutung für das Leben eines Bienenvolkes. Wenn man sie nun einer übersinnlichen Beobachtung unterzieht, wird man auf die tiefere Bedeutung aufmerksam, die jeder dieser Aspekte hat. Die Ergebnisse einer solchen Untersuchung sollen im Folgenden kurz dargestellt werden.

Mit der Entstehung und dem Aufsteigen eines Schwarms setzt die Neugeburt eines Volkes ein. Die alte Königin verlässt den Bienenstock und zieht mit einem Teil ihres Volkes aus. Die sich bildende *Schwarmwolke* wird zum Fokus eines gewaltigen geistigen Geschehens. Im Umkreis einer solchen Wolke sind die Schöpferkräfte anwesend, denen das Bienenvolk sein Dasein verdankt. Der Bienenschwarm ist von den Kräften umgeben, die den gesamten Weg der Bienen bis zu der Gestalt, in der sie sich heute den Sinnen zeigen, begleitet haben. Weil diese Kräfte die Erdenentwicklung schon sehr lange begleiten, ist um den Schwarm der Weg der Erde von ihren Uranfängen bis in die heutige Zeit wahrnehmbar. Es ist sogar möglich, die noch kommenden, zukünftigen Wandlungsstufen der Erde zu schauen. Der Bienenschwarm ist ein irdisches Geschehen, an dem die Entwicklung der Erde geistig sichtbar wird. Die Entwicklungsgesetze, die Wandlungsstufen und Kräfte, die mit ihm verbunden sind, treten für den Hellsehenden in Erscheinung.

Der Schwarm sammelt sich nach einer gewissen Zeit und verdichtet sich zur *Schwarmtraube*. Der hellsehende oder hellfühlende Blick wird, wenn er sich einer Schwarmtraube widmet, in die Erde gezogen, in ihr inneres geistiges Gefüge. Die Erde erscheint als ein lichterfülltes, lebendiges Wesen. Jede Schwarmtraube bildet ein Tor, das die Erdentiefen mit der Erdoberfläche, also die geistige Erde mit der sinnlichen, verbindet. Es scheint, als wehe ein Atem durch dieses Tor. Durch die Schwarmtrauben der Bienen ergehen Botschaften an den Menschen. Wie die Schwarmwolke die Entwicklungskräfte der Erde vergegenwärtigt, erklingen durch die Schwarmtraube Worte, die an den Menschen gerichtet sind und ihm von dem berichten, was die Erde als geistiges Wesen für ihn bedeutet.

Das Bienenvolk bezieht schließlich eine Behausung, die ihm in der Regel vom Imker zur Verfügung gestellt wird. Es hält *Einzug*. Für das Volk ist das ein großer Augenblick, denn die Zeit der Unsicherheit ist vorüber. Die Betrachtung dieses Vorgangs rührt die Seele besonders an. Man schaut eigentlich die Geburt eines Wesens, das bisher in einem geistigen Zustand gelebt hat. Das Volk hat nun eine irdische Bleibe. Der Mensch, der den Einzug ermöglicht, wird in diesem Augenblick vom Geistwesen der Bienen berührt. Ihm wird bis tief in seine Seele gedankt. Er ist es, der für das Weiterleben des Volkes gesorgt hat. Seiner Aufmerksamkeit und Sorgfalt ist es zu verdanken, dass das heimatlose Volk ein Zuhause bekommen hat. Der Einzug ist deshalb für die Bienen wie für den Imker ein Moment von großer Bedeutung.

Wenn das Volk eine Behausung hat, kann es beginnen, sich darin einzurichten. Es baut Waben, die Königin legt Eier, und die Blüten der Umgebung werden beflogen. Das Volk beginnt, seine Tätigkeit zu entfalten. Der *Rhythmus zwischen Tag und Nacht* hat für die Tätigkeit des Bienenvolkes eine besondere Bedeutung. Ohne diesen Rhythmus würde sich das Volk nicht in den irdischen Lebensverhältnissen entfalten können. Die Nacht heilt die Wunden des Tages, und der Tag offenbart das Geschehen der Nacht. Was von der Bienentätigkeit sichtbar wird, ist doch nur eine Hülle für die geheimnisvolle Heilungsarbeit, die durch die Bienen am Menschen und am Erdorganismus vollbracht wird. Der Bienenfleiß, die Arbeit der Bienen an den Substanzen, die sie einsammeln und verwandeln, weist auf ein geistiges Geschehen hin, das sich unsichtbar vollzieht und durch das die Bienen heilend wirksam sind. Das Bienengeheimnis ist das ihrer heilenden Wirksamkeit.

Die Jungkönigin muss sich zuerst von den Drohnen befruchten lassen, damit sie mit der Legearbeit beginnen kann. Dazu erhebt sie sich zum *Hochzeitsflug,* auf dem sie hoch in der lichtdurchdrungenen Luft von einer Reihe von Drohnen begattet wird. Dieser Flug der Königin führt sie dazu, sich mit dem Licht der Sonne zu vereinigen. Sie verbrennt geistig im Licht, das zur Erde niederstrahlt. Eigentlich wird sie durch die Sonne wiedergeboren und dadurch zur Königin eines Bienenvolkes.

Wenn die Tage merklich kürzer werden, beginnt das Bienenvolk sich auf den Winter vorzubereiten. Die letzten Bienen schlüpfen, und das Volk verkleinert sich. Dies nennt man die *Einwinterung*. In der kalten Jahreszeit zehrt das Volk von den Vorräten, die es im Laufe des Jahres zusammengetragen hat. Die Menge des Honigs entscheidet nicht unwesentlich über die Zukunft des Volkes. Wird er reichen bis in den Frühling? In der Substanz des Honigs ist der Sommer allgegenwärtig, in ihm wirkt er fort und hüllt das Volk in Wärme und Licht. Der Honig schützt und nährt das Volk und spendet ihm die Hoffnung, dass die Zeit kommen wird, in der es wieder ausfliegen kann.

Es ist Winter. Die Bienen befinden sich in der *Winterruhe*. Sie haben sich um die Honigvorräte eng zusammengezogen. Die Königin verbindet sich mit dem Licht der Erde. Sie tut es für ihr Volk, das ihren Körper davor schützt zu erkalten. Während die Winterbienen den Körper der Königin hüten, kann sie aus den geistigen Tiefen der Erde Lebenssubstanz für das Volk heraufholen. Nur dadurch ist es in der Lage, die hohen Aufgaben, die ihm gestellt sind, zu erfüllen.

Der nächste Aspekt betrifft das *Verhältnis zwischen dem Imker und seinen Bienenvölkern*. Es besteht der inneren Natur nach eine tief spirituelle Beziehung zwischen dem Menschen und seinen Bienenvölkern. Der Imker wird, auch wenn er es gar nicht bemerkt, vom geistigen Wesen der Bienen geheimnisvoll berührt. Seine Seele ist Träger des Bienenwesens, was bedeutet, dass es in den Untergründen seiner Seele gestaltend mitwirkt. Andererseits übernimmt er eine Aufgabe, die sein Leben in einem hohen Maße beeinflusst. Die Bienen, ihre Bedürfnisse, ihre Zyklen, bestimmen sein Alltagsleben. Dadurch verhilft er ihnen zu leben, also auf der Erde anwesend zu sein und ihre Aufgaben zu erfüllen. Er ist durchaus fortwährend als Geburtshelfer der Bienen tätig.

Die *Landschaft,* die sich um den Bienenstock ausbreitet, hat für das Bienenvolk eine herausragende Bedeutung. Es ernährt sich von dem, was die Pflanzenwelt hervorbringt. Aber auch die Qualitäten der verschiedenen Elemente, der Erde, des Wassers, der Luft, des Lichtes und der Wärme, sind lebenswichtige Faktoren für die Existenz und die Entwicklung eines Bienenvolkes. Ein Bienenvolk ist immer auch Ausdruck der Kräfte, die in einer bestimmten Landschaft regsam sind.

Die Bienen bringen nicht nur Honig hervor, der als Nahrungsmittel und als *Heilmittel* Verwendung findet, sondern auch andere Substanzen, die ausschließlich als Heilmittel dienen. Dazu gehören Propolis, Wachs, der gesammelte Blütenpollen und das Bienengift.

Als weiterer Aspekt verdient das *Kerzenlicht* Beachtung, das Licht, das von brennenden Wachskerzen ausgeht und in dem das Wesen der Bienen in einer besonderen Form und Lebendigkeit zum Ausdruck kommt.

Der *Tod* eines Bienenvolkes ist ein unvergessliches und bestürzendes Ereignis. Aber es gibt keinen Tod, der nicht der Beginn einer neuen Geburt wäre. Tod ist immer *Wandlung*. Dieser Zusammenhang ist Inhalt des letzten, des zwölften Aspektes.

Im Herbst 2011 ist es mir möglich gewesen, diese zwölf Aspekte zu finden und zu jedem von ihnen einen Spruch zu erhalten. Diese zwölf Sprüche sind in einem späteren Kapitel wiedergegeben (Kapitel XIII, S. 203). Sie können dazu dienen, einen meditativen Zugang zu den verschiedenen Aspekten zu finden. Jeder offenbart einen Teil vom geistigen Urbild des Bienenvolkes.

Das Wesen des Honigs

Der Honig ist Ausdruck der Tätigkeit des Bienenvolkes. Es bringt ihn hervor, er ist aber auch die Grundlage all seiner Regsamkeit und Tätigkeit. Ohne den Honig könnten die Bienen nichts leisten. Er ernährt das Volk in einer Weise, die den Arbeiterinnen unter anderem ermöglicht, das Wachs auszuschwitzen, um damit die Waben zu bauen. Der Honig ist also auch die Grundlage des Wabenbaus, der dem Volk die Möglichkeit bietet, dauerhaft im Physischen zu existieren.

Es lässt sich sagen, dass sich im Honig das Wesen des Volkes auf der Ebene der Substanzen offenbart. Deshalb ist dieses Wesen in ihm erfahrbar; in seiner Substanz offenbart sich das Urbild des Bienenvolkes. Aus diesem Grund soll er hier behandelt werden.

Der Nektar, den die Arbeiterinnen aus den Blüten sammeln, ist die Grundsubstanz des Honigs. Ihm, der in den Blütenkelchen tröpfchenweise austritt, ist das Wesen der jeweiligen Pflanze eingeschrieben. So stellt der Nektar eine Essenz der Pflanze dar, ist substanzgewordene Pflanze. In der Blüte erscheint das Pflanzenwesen als Bild, im Nektar wird es zur Substanz.

Aber nicht nur das Pflanzenwesen kommt im Nektar zum Ausdruck. Es offenbaren sich in ihm auch der Charakter und das Wesen der Landschaft, in der die Pflanze wächst. Im Nektar finden sich Spuren der geistigen Beschaffenheit jenes Stücks Erde, zu der die entsprechende Pflanze gehört. In ihn schreibt sich Erdengeistigkeit ein. Durch jede Pflanze gehen die Wasserprozesse, die Luft- und Lichtprozesse und Wärmeprozesse der Landschaft hindurch. Sie kann nur deshalb in der Sichtbarkeit erscheinen, weil sich in ihr das geheimnisvolle Wirken und Weben der Geister der Elemente zu einem lebendigen Ausdruck verdichtet. Jede Pflanze geht mit den elementaren Prozessen anders um. In der Substanz des Nektars findet sich eine geistige Spur des elementaren Geschehens der Landschaft. Diese Spur bleibt bei der Honigreifung erhalten. Sie kommt beinahe unbeschadet in den Honig. Es ist das selbstlose Wesen der Arbeiterin, das dafür Gewähr bietet, dass der feine Landschaftsabdruck im Honig bestehen bleibt. Der eingebrachte Nektar wird unter den Arbeiterinnen ausgetauscht und strömt so durch das gesamte Volk. Dadurch erhält er eine Beschaffenheit, die es ermöglicht, dass er in den Waben eingelagert werden kann.

Das Volk ernährt sich von dem eingelagerten Honig. Er stellt seine Nahrungsreserve dar. Das gilt besonders für die Zeit der Winterruhe, in der die Blüten als Nahrungsquellen wegfallen. Der Honig, den die Bienen einbringen, ermöglicht ihnen, die kalte Jahreszeit zu überstehen.

In dem Honig, der von einem Volk eingesammelt wurde, kann man auch die zur Substanz geronnene Erinnerung an die zurückliegenden Monate sehen. Wenn das Volk sich während der Winterruhe von diesem Honig ernährt, nimmt es diese Erinnerung als Nahrung in sich auf. Die Erinnerungen an den Sommer sind es, durch die sich ein Bienenvolk im Winter ernährt.

Die Heilwirkung des Honigs auf den menschlichen Organismus hat nun maßgeblich damit zu tun, dass im Honig geistig das aufbewahrt ist, was sich als konkretes Geschehen in der Landschaft ereignet hat, während die Bienen die Tracht eingeholt haben. Der Honig ist eine Substanz mit der besonderen Eigenschaft, wie ein Gedächtnis das elementare Leben der Erde in sich aufzunehmen. Das reine Wesen der Bienen kommt darin zum Ausdruck, dass sie dem Honig das nicht wegnehmen, was die Landschaft in ihn eingeprägt hat.

Es ist auffällig, dass Honig eine ziemlich unmittelbare Wirkung auf das menschliche Blut hat. Die übersinnliche Beobachtung zeigt einen tiefen Zusammenhang zwischen dem Honig und dem Blut, eine geheimnisvolle Anziehung und Verwandtschaft. Es scheint, als trachte der Honig danach, seine Wirkung rasch an das Blut weiterzugeben. In gewissem Sinne steht der Honig zur Landschaft in einem ähnlichen Verhältnis wie das Blut zum menschlichen Organismus. Das Blut ist als Substanz eine Essenz aller körperlichen Prozesse. Am Blut kann man ziemlich genau ablesen, was sich im Körper ereignet. Der Honig ist in ähnlicher Weise ein lebendiger Spiegel für die Ereignisse der Außenwelt, wie das Blut ein Spiegel ist für die Ereignisse der menschlichen Innenwelt. Es ist nun gerade diese Verwandtschaft, durch die der Honig eine heilende Wirkung auf das Blut ausübt. Honig verbindet sich mit dem Blut, weil er, vermittelt durch die Arbeit und das Wesen der Bienen, für die Landschaft das ist, was das Blut für den menschlichen Organismus ist.

Die Honigwaben werden von den Bienen zu einem bestimmten Zeitpunkt verdeckelt, indem die mit Honig gefüllten Zellen mit einer dünnen Wachsschicht verschlossen werden. Der Imker muss diese Schicht, wenn er den Honig ernten möchte, wegschaben, erst dann kann der Honig geschleudert werden.

Durch das Verdeckeln der Honigzellen wird der Honig für die Wirkung der Kräfte empfänglich, die aus der Erde in den Bienenstock heraufsteigen. Während der Reifung strahlt Erdenlicht in den Honig. Die Form der Zellen hat die Aufgabe, dieses Licht der Erde anzuziehen und zu bündeln. Es sind stark formende Kräfte, die so in die Honigsubstanz Eingang finden. Sie machen die Lebenskräfte im Menschen, die aus dem Gleichgewicht gekommen sind, geneigt, wieder in das gesunde Maß zurückzufinden. Gestaltungskräfte dringen durch den Honig in den Organismus, die diesem helfen, seine ureigene Ordnung wieder anzunehmen.

Es sind nicht nur die erwähnten Einflüsse der Landschaft, die zur Heilkraft des Honigs für den Menschen beitragen, sondern auch Lichtprozesse, die während der Reifung in den Zellen in ihm wirksam werden. Das aufstrahlende Licht der Erde verbindet sich mit dem, was als Erinnerung an das elementare Geschehen im Honig lebt.

Honig ist eine Substanz, in der sich ausgesprochen viele Einflüsse zu einer Ganzheit vereinigen. Im Honig wird die besondere gestaltende Kraft des Bienenvolkes substanziell. Das Bienenwesen lebt im Honigprozess. Die Milde, die Wohltätigkeit, die Harmonie, die dem Honig innewohnen, sind Bienenkraft. Sie sind Ausdruck des Wesens der Bienen. Indem der Mensch Honig zu sich nimmt, lässt er seinen Organismus an der gestaltenden Kraft des Bienenvolkes teilhaben.

Inanna Frey, die seit vielen Jahren Botschaften von den Bienen empfängt, fasst das Wesen des Honigs in folgenden Worten zusammen:

Das Wesen des Menschen entspricht der Essenz Honig.
Damit ist es eins mit dem Wesen der Erde.

Das Bienengift

Rudolf Steiner schreibt dem Bienengift eine bedeutsame Wirkung auf die Schwarmneigung eines Volkes zu: «Wenn nun im Bienenstock eine junge Königin ausschlüpft, dann ist, wie ich Ihnen gesagt haben, etwas in den Bienen, was diese Bienen stört. Vorher leben die Bienen in einer Art Dämmerung. Dann sehen sie diese junge Königin aufleuchten. Was ist denn verknüpft mit dem Aufleuchten dieser jungen Königin? Mit dem Aufleuchten der jungen Königin ist das verknüpft, dass die junge Königin der alten Königin die Kraft des Bienengiftes wegnimmt. Und das ist die Furcht des ausziehenden Schwarmes, dass er das Bienengift nicht mehr hat, sich nicht mehr wehren, retten kann; er zieht weg.»[5]

Diese Beobachtung Rudolf Steiners gibt Anlass, sich im Nachdenken über das Bienengift nicht nur auf die Wirkung zu konzentrieren, die es auf das Wesen hat, das von einer Biene gestochen wird. Das Bienengift hat auch eine wesentliche Wirkung auf die Bienen selbst und zwar dadurch, dass es vom Bienenorganismus hervorgebracht wird. Jede Arbeiterin ist von dieser Wirkung betroffen. Die übersinnliche Wahrnehmung zeigt, dass die Wirkung des Bienengiftes besonders für die Bildung und den Zusammenhalt des Volkes von Bedeutung ist. Ohne das Bienengift könnte sich niemals ein Bienenvolk bilden. Denn die einzelne Biene wird durch das Gift, das in ihrem Körper erzeugt wird, erst in die Lage versetzt, ihr Eigenwesen dem Gesamtwesen des Volkes unterzuordnen. Durch das Bienengift werden die Neigungen des Einzeltieres gelähmt, seine Eigenheit auszuleben. Das Eigene der einzelnen Biene wird durch das Gift zugunsten der Gesamtheit des Volkes zurückgedrängt. Insofern hat das Gift eine bindende Wirkung, als dadurch aus der Summe vieler Einzeltiere erst ein Volk werden kann. In diesem Zusammenhang ist es beachtenswert, dass die Drohnen, die man auch als Fremdlinge im Bienenvolk erleben kann, kein Gift hervorbringen.

Das Bienengift ist Träger einer ganz bestimmten astralen Kraft, die dazu führt, dass dem einzelnen Wesen die Möglichkeit genommen wird, Individualität zu entwickeln. Dafür kann es sich überindividuellen Impulsen öffnen und sie verwirklichen. In diesem Sinne lähmt das Gift die Eigenheiten eines Wesens zugunsten eines höheren Prinzips.

Interessant ist nun, dass der Respekt und die Furcht der Menschen vor den Bienen gerade mit ihrem Gift zu tun haben. Der Stich einer Biene tut empfindlich weh, und seine Folgen können für den Menschen sehr unangenehm sein. Das, was also die Möglichkeit gibt, dass sich überhaupt ein Volk bilden kann, schützt es gleichzeitig und verschafft ihm den notwendigen Respekt.

Das Wabenwerk

Wenn man von den Kräften redet, welche das Bienenvolk zusammenhalten, darf der Wabenbau nicht vergessen werden. Er hat für das Volk eine herausragende Bedeutung. Die Bienen stellen ihn aus kleinen Wachsschuppen her, die sie selber ausschwitzen. Michael Weiler beschreibt das in seinem bereits mehrfach zitierten Buch folgendermaßen: «Die Bienen hängen, sich mit den Beinen aneinander verhakend in flächenartiger Weise und kettenbildend, von der Decke oder einer oberen Grenzlinie (Rähmchenleiste etc.) in den besetzten Hohlraum herab. In der ‹Bautraube› ist eine erhöhte Wärmeerzeugung messbar (> 34° C); eine Anzahl Bienen schwitzt Wachsschüppchen aus. Mit Beinen und Mandibeln [Mundwerkzeugen] werden diese nach oben weitergetragen. Die ganz oben in der Bautraube sitzenden Bienen kneten das Wachs mit ihren Mandibeln durch, wobei es wohl auch mit einem Kopfdrüsensekret benetzt wird. Dann heften sie es von unten an die Rähmchenleiste an. Zuerst wird das Wachs als Wulst aufgetragen. Etwas später wird begonnen, den Sechseckzellverband zu plastizieren. Durch weiteres Auftragen von Wachs an den Rändern der entstehenden Wabe wird deren Fläche vergrößert. Sobald diese auf einen Durchmesser gewachsen ist, der in einer gedachten Rotation um die lotrechte Achse eine Sphäre von etwa 5–7 cm umschreibt, wird mit dem Bau von benachbarten Waben begonnen. In dieser Weise wächst das Wabenwerk hängend weiter in den von der Schwarmtraube erfassten Raum hinein.»[6]

Zu bewundern ist, mit welcher Präzision die Bienen die Waben bauen. Wenn man der Bedeutung des Wabenwerkes für das Bienenvolk nachgeht, findet man, dass es die «Erde» für die Bienen darstellt. Das Wabenwerk ist die physische Grundlage des Volkes. Bemerkenswert ist die Tatsache, dass sie diese selbst herstellen. Die Bienen schaffen sich die Erde, auf der sie leben, selbst!

Man kann die einzelne Biene, noch mehr das gesamte Volk, nur verstehen, wenn man sie in Verbindung bringt mit dem Wabenwerk. Ohne die Waben ist das Volk nicht denkbar. Sie sind unerlässlicher Bestandteil des Bienenwesens. Indem die Bienen die Waben erbauen, setzen sie etwas aus sich heraus, das ihnen wesensnah, wesenseingeboren ist. Die Waben bilden ihre physische Lebensgrundlage. Nun kann man übersinnlich beobachten, dass das Wabenwerk für das Volk deshalb eine herausragende Bedeutung hat, weil es für die Bienen nicht die Starrheit besitzt, in der es uns erscheint. Für sie ist das Wabenwerk alles andere als starr. Es ist in hohem Maße beweglich, man möchte sagen klingend, erklingend. Die Bienen laufen über die Waben wie über etwas, das für sie eher flüssig ist, das sich bewegt und das sie untereinander verbindet, aber auch mit der Welt außerhalb des Bienenstockes mitschwingt. Die Bienen können ihre Verwandlungsarbeiten überhaupt nur tun, weil der Wachsbau für sie eine klingende Beweglichkeit hat. Dadurch haben die Bienen eines Volkes ein Gemeinsames, Verbindendes. Das Wabenwerk bildet für das Volk etwas, das sich als seine klingende Mitte beschreiben lässt. Gleichzeitig sind die Waben die Stätte, in der die Brut, eigentlich die Zukunft des Volkes, heranwächst. Aber auch Pollen und Honig lagern in den Waben als Vorrat für die Zeit des Winters.

Es lässt sich nun ein Zusammenhang feststellen, der zwar schwer zu beschreiben ist, aber hier doch angedeutet werden soll. Die Waben geben dem Bienenvolk eine heilige Mitte und deshalb einen wesentlichen Halt für seine Arbeit, stellen aber auch eine Verbindung zum Menschen her. Imaginativ geschaut, liegen die Waben um das menschliche Herzorgan. Das mag eine merkwürdige Vorstellung sein. Für das Bienenvolk besteht aber dieser Zusammenhang. Die aus vielen Zellen geformten Waben bilden eine Verbindung zu den Herzenskräften der Menschen. Das Volk erfühlt durch den Wabenbau das, was man die Herzensregion des Menschen nennen kann. Der Wabenbau stellt für die Bienen einen Kelch dar, durch den sich ihnen das erschließt, was der Mensch in seinem Herzen trägt. Die Waben sind das übersinnliche Tor zwischen dem Herzen des Menschen und den Bienen.

Die Wärme

Die Fähigkeit der Bienen, Wärme hervorzubringen, gehört zu den Merkmalen, die sie vor allen anderen Insekten auszeichnen. Der Organismus der Arbeiterinnen ist in der Lage, Wärme zu erzeugen, die nicht nur dem einzelnen Tier, sondern dem gesamten Volk zugute kommt. Das Bienenvolk reguliert beständig die eigene Wärme. Sein Überleben hängt maßgeblich davon ab, ob es in der Lage ist, die notwendige Temperatur zu bewahren. In diesem Zusammenhang ist es sehr interessant, sich Gedanken über den Umgang des Schwarms mit der Wärme zu machen. Der Schwarm besitzt noch keine Eigenwärme. Er ist gänzlich auf die Wärme der Luft angewiesen, in der er sich bewegt. Deshalb ist eine gewisse Temperatur unbedingte Voraussetzung für das Schwärmen eines Bienenvolkes. In der sich darauf bildenden Schwarmtraube und erst recht in dem Augenblick, da ein Volk beginnt, Wachs zu erzeugen und dieses zum Bauen der Waben zu verwenden, entsteht die besondere Wärme der Bienen. Dazu setzt sich bei der einzelnen Biene die Muskulatur im Brustbereich in Bewegung, die dem Schlagen der Flügel dient. Diese sind aber ausgehängt, so dass sie ruhig bleiben und die sonst zum Fliegen benötigten Muskeln Wärme erzeugen können. Obwohl das einzelne Tier die Wärme hervorbringt, ist nur die Gesamtheit der Bienen in der Lage, die Wärme zu halten und zu regulieren. Der Umgang mit der Wärme ist eine gemeinschaftliche Arbeit.

Vom übersinnlichen Standpunkt aus kann gesagt werden, dass der Wärme die Aufgabe zukommt, das geistige Urbild des Volksorganismus der Bienen mit dem einzelnen konkreten Volk und seinem Tätigsein zu verbinden. Durch die Wärme werden die geistigen Kräfte angezogen, welche die Ansammlung von Bienen, die jedes Volk zunächst einmal ist, veranlasst, sich dem höheren Prinzip unterzuordnen, dem Urbild des Bienenvolkes.

Ohne die Wärme, die das Volk aus sich hervorbringt, kann das geistige Urbild des Bienenvolkes unter den Bienen gar nicht wirksam werden. Durch die Wärme werden die Bienen zu einem Organ für dieses Urbild.

Die geistige Erde

Dadurch, dass man den geistigen Blick dorthin lenkt, von wo das Urbild des Bienenvolkes stammt, wird man auf ein wesentliches Geheimnis der Bienen aufmerksam. Gewiss ist dieser Blick nicht einfach. Es lässt sich aber bemerken, dass das Urbild des Bienenvolkes als eine besondere Kraft aus der Erde aufsteigt. Der Zusammenhang der Bienen untereinander, das Vermögen, ein Volk aus vielen tausend Einzeltieren zu bilden, ist eine Gabe der innersten Erde. Es lässt sich deshalb sagen, dass die Bienen insofern mit der geistigen Erde verbunden sind, als sie ein Volk sind. Diese Beobachtung mag überraschen. Es ist aber schon mehrfach auf die Bedeutung der Erde für die Bienen hingewiesen worden. Es ist dargestellt worden, wie die Königin im Winter in einen Schlafzustand verfällt und sich mit den geistigen Schichten der Erde verbindet. Diesen Winterweg geht sie aber nicht für sich, sondern für das Volk, dem dadurch ganz wesentliche Lebensimpulse einverleibt werden. Wenn man in die geistigen Schichten der Erde hinabsteigt, stößt man auf eine Lebenssphäre, in der dieses Urbild zu finden ist.

XI Die Verwandlungsarbeit der Bienen

Für meine Forschungen haben sich immer wieder hohe Elementarwesen zur Verfügung gestellt. Sie haben meine Fragen beantwortet und mich auf Lösungswege gewiesen. Diese hohen Elementarwesen strahlen eine große Würde und Weisheit aus. Sie tauchen in einer solchen Art im Bewusstsein auf, dass man tief berührt wird. Ich habe oft erlebt, dass sie sich eines menschlichen Bewusstseins regelrecht zu bedienen wünschen, damit sie ihre Anliegen äußern können. Es ist nur möglich, ihnen zu begegnen, wenn der Impuls dazu von ihnen ausgeht. Sie würden unerkannt bleiben, wenn sie es nicht zulassen würden, dass man sie erkennt.

Zu dieser Gruppe von Wesenheiten gehört eine, die für mich bei der Erforschung der Bienen sehr wichtig geworden ist. Ich habe viel über das geistige Wesen der Bienen von ihr gelernt. Es ist ein Wesen, das sich Hüter der Erde nennt. Es lebt nicht ausschließlich an einem bestimmten Erdenort, sondern ist in der Lage, sich sehr frei in der Erde zu bewegen. Wenn es vor den schauenden Menschen hintritt, strahlt es liebevolle Anteilnahme aus. Es entsteht der untrügliche Eindruck, es wisse viel mehr über einen als man selbst. Das ist ein besonderes Erlebnis. Aber man hat deshalb nie das Gefühl, bloßgestellt zu werden. Eine liebevolle und äußerst friedliche Stimmung geht von diesem Hüter der Erde aus, die nicht Anlass dazu gibt, sich in Gegenwart dieses hohen Bewusstseins zu schämen oder zu fürchten.

Dieses Hüterwesen ist mit dem Wesen der gesamten Erde verbunden. Es ist ein Träger der geistigen Lebensimpulse der Erde. Es kann deshalb auch in all ihren Zuständen leben, kennt ihre Schichten und Zonen, kann sich hinein in die Weite der Erde und ihre Tiefen erstrecken. Die Menschen besucht es nach seinem Gutdünken. Jedoch kann man den Hüter rufen und ihm

Fragen stellen. Diese Wesenheit hat mir vor allem geholfen, die Verwandlungsarbeit der Bienen an der Erde zu verstehen.

Durch dieses Hüterwesen der Erde bin ich gelehrt worden, auf eine bestimmte Art auf das Bienenvolk zu schauen. Es lehrte mich den Blick auf die Bienen durch die Erde hindurch. Zugegebenermaßen ist dieser Blick ungewöhnlich. Es ist aber möglich, einmal so auf die Bienen zu schauen, dass man sie als einen Teil des Erdenplaneten betrachtet. Dazu kann man sich in die Erde versetzen und aus der Erde, also von unten, den inneren Blick auf ein Bienenvolk richten. Indem man das tut, wird man auf den hier gemeinten Zusammenhang aufmerksam. Der Blickwechsel führt dazu, dass Ahnungen auftauchen hinsichtlich des Beitrags der Bienen am Wohl und Gedeihen der gesamten Erde.

Die Angaben, die ich vom Hüter der Erde erhalten habe, weisen darauf hin, in welcher Art das Verhältnis zwischen den Bienen und der Erde zu denken ist. Die Bienen sind nicht isoliert vom geistigen Organismus der Erde zu betrachten. Sie sind Wesen der Erde. Sie stammen von der Erde. Ihr Leben lässt sich von dem der Erde nicht trennen. Jedes Bienenvolk hat eine sehr intensive Beziehung zum Erdenplaneten in seiner Ganzheit. Indem man nun den Angaben des Hüters der Erde folgt, wird man aufmerksam auf den grundlegenden Unterschied zwischen dem Bienenvolk im Sommer und dem Bienenvolk im Winter in seiner Stellung zur Erde.

Übersinnlich lässt sich im Winter nur eine sehr begrenzte Abgeschlossenheit des Volkes gegenüber der Erde beobachten. Das Bienenvolk verbindet sich mit dem inneren, dem geistigen Licht der Erde. Das heißt, jedes Bienenvolk legt sich im Winter sozusagen in die Erde hinein. Es findet eine starke gegenseitige Durchdringung zwischen dem Volk und der geistigen Erde statt. Das Volk löst sich energetisch in die Erde hinein auf. Es verliert seine Eigenheit. Dafür gewinnt es aber das Erdenlicht.

Wenn man dieses übersinnliche Geschehen beobachtet, hat man den Eindruck, dass es für das Bienenvolk sehr bedeutsam ist. Das Bienenvolk wandelt sich in einen Zustand, der als sein ursprünglicher zu bezeichnen ist. Es taucht ein in die Welt, aus der es zu kommen scheint. Es ruht in ihrem Ursprung. Man kann sich der Einsicht nicht erwehren, dass man das Wesen des Bienenvolkes nur begreifen kann, wenn man diesen Zustand wirklich versteht. Der Weisheit, von der das Bienenvolk durchdrungen ist und die sich in jeder Einzelheit des Zusammenlebens der Bienen zeigt, kommt man am nächsten, wenn man anschaut, was sich geistig vollzieht, wenn die Bienen im Winter eine Einheit mit der Erde bilden.

In der hellen Jahreshälfte, im Frühling und Sommer, ist das nun ganz anders. Das Volk ist in der Landschaft tätig. Sein geistiges Verhältnis zur Erde ist derart, dass man sagen kann, die Identität zwischen der Erde und dem Volk ist nur schwach ausgebildet. Das Volk und die Erde durchdringen sich nicht, sondern das Volk lebt als eine gegenüber der geistigen Erde eigenständige Wesenheit. Es hat sich von der Erde emanzipiert, der es im Winter angehört hat und wieder angehören wird. Diese Bewegung, dieses Freiwerden von den Einflüssen der geistigen Erde ist nun die Voraussetzung für das, was man als die Verwandlungsarbeit der Bienen an der Erde beobachten kann. Im Sommer steht das Volk der geistigen Erde gegenüber. Es hat sich eine bestimmte Unabhängigkeit erworben. Gerade diese Unabhängigkeit versetzt das Bienenvolk in die Lage, die Verwandlungsarbeit zu tun, von der hier die Rede sein soll.

Indem man mit dem übersinnlichen Blick auf das schaut, was sich unter unseren Füßen befindet, kann man feststellen, dass die Erde von einer ungeheuer großen Anzahl von geistigen Wesenheiten bewohnt wird. Selbst in dem augenscheinlich Toten, dem Mineralischen, ist ein seelisches und geistiges Leben anwesend. Es gibt keine irdische Substanz, die nicht auch ein geistiges und seelisches Leben hätte. Für die übersinnliche Beobachtung ist die Erde bis in ihre tiefsten Tiefen lebendig. Sie ist so aufgebaut, dass sie aus geistigen Schichten besteht, die vom Hellsehenden betrachtet werden können. Er kann sie in einer ähnlichen Weise studieren, wie die Schichten der Atmosphäre durch sinnliche Beobachtungen wahrgenommen werden können. Jede dieser unterirdischen geistigen Schichten ist von geistigen Wesenheiten bewohnt. Es kann in diesem Zusammenhang nicht genauer auf den geistigen Aufbau der Erde eingegangen werden. So viel soll aber gesagt werden, dass diese Wesenheiten von sehr verschiedener Natur und Art sind. Man stößt auf hohe Wesenheiten, die dem allgemeinen Fortschritt der Erde dienen. Ebenso aber gibt es solche, die das Wachstum und die Entwicklung hemmen, lähmen und bekämpfen. Diese hemmenden Kräfte wirken weit bis ins Menschenreich hinein. In einem gewissen Sinn ist die menschliche Entwicklung ohne diese hemmenden Wesen jedoch nicht denkbar. Viele Fähigkeiten des Menschen beruhen darauf, dass er sich dieser Kräfte bedient. Nur darf er sich nicht von ihnen beherrschen lassen. Wenn das eintritt, wandeln sich diese Kräfte zu schwer zu überwindenden Widerständen, sie werden «böse». Diese geistigen Wesenheiten sind tief mit der Erde verbunden und sehr stark. Sie arbeiten daran, die Entwicklung der Erde aufzuheben. Sie sind von einer unfasslichen Kraft des Eigenseins durchdrungen. Es sind selbstsüchtige Wesen, die dadurch, dass sie Impulse unter die Menschen senden, an Kraft und Einfluss zunehmen. Sie wollen zweierlei. Einerseits wollen sie den Menschen der Erde entfremden, indem sie ihn egoistisch machen. Andererseits nähren sie in ihm das Bedürfnis, die Erde beherrschen zu wollen, indem sie ihn dazu verleiten, rücksichtslos lebensfremden Ideen folgend zu agieren.

Diese Kräfte dienen dem Menschen aber auch. Denn nur durch sie ist es ihm möglich, dass er sich als ein Selbst begreift und sich so die Freiheit seines Wesens erringen kann. Nur dadurch, dass er die Erde ergreift und verändert, kann er Verantwortung für sie übernehmen. Das darf aber nicht dazu führen, dass er sich von diesen Kräften beherrschen lässt. Seine Aufgabe besteht darin, im Umgang mit ihnen das gesunde, heilige Maß zu finden.

Neben diesen Kräften des Widerstands und der Verneinung sind auch Wesen in der Erde tätig, welche deren Entwicklung tragen. Sie stehen ganz im Entwicklungsstrom der Erde, wie er durch die geistige Welt vorgesehen ist. Es gibt diese vorgesehene Entwicklung der Erde und der Menschheit. Es ist sogar von großer Wichtigkeit, dass sich der Mensch mit diesen Wesenheiten verbindet. Denn das Bewusstsein von ihrer Tätigkeit verhilft ihm dazu, ein lebensvolles und reales Verhältnis zur Erde einzunehmen. Das religiöse, spirituelle Leben der Menschen ist letztlich der Weg, sich in die Verbindung mit diesen Wesenheiten einzuleben.

Der geistige Blick zeigt nun, dass die Bienen nicht nur Wesen des Lichtes und der Wärme sind. Sie haben ebenso die überraschende Neigung, sich mit der Finsternis und der Kälte zu verbinden, die Teil des Erdorganismus sind. Die Bienen stehen genau genommen an der Grenze, an der Schwelle zwischen Licht und Finsternis. Man schenkt nur einem Teil ihres Wesens Beachtung, wenn man in ihnen nur die Schwestern des Lichtes sieht. Ihre Bedeutung zeigt sich gerade darin, dass sie sich sowohl der Finsternis als auch dem Licht zuneigen. Nur ist die Schwesternschaft mit der Finsternis nicht unmittelbar offensichtlich. Man muss den Schleier heben, hinter dem sich ihr dunkles Wesen verbirgt, um sie ganz zu verstehen.

Die Bienen neigen sich den, wie erwähnt, in der Erde lebenden Kräften der Finsternis und der Destruktivität zu, ohne sich jedoch von ihnen vereinnahmen zu lassen. Sie sind zwar Schwestern des Lichts, eigentlich der Wärme, die aber nicht die Finsternis fliehen, sondern sich ihr aussetzen, ohne jedoch selbst dunkel zu werden. Es ist tatsächlich sehr ergreifend, wenn man verfolgt, wie nahe die Bienen an die Finsternis, an die destruktiven Kräfte herankommen, ohne ihr ureigenes Licht zu verlieren.

Man kann nun die Beobachtung machen, dass diese Kräfte durch die Tätigkeit der Bienen eine Verwandlung erfahren. Von den Bienen geht eine verwandelnde Wirkung aus auf das, was sich in den geistigen Schichten der Erde durch die Arbeit der Wesen der Lähmung und des Widerstandes niederschlägt. Die Bienen haben die Fähigkeit, durch ihr Dasein auf der Erde, also im Sichtbaren, dasjenige aufzuheben, was die Erde schwer macht und belastet. Ohne diese verborgene geistige Bienenarbeit, die sich im Hintergrunde ihrer für alle offenbaren Arbeit vollzieht, wäre die Erde nicht das, was sie jetzt sein kann. Sie wäre viel trockener, härter. Die Bildsamkeit der Erde, ihre Wandelbarkeit, die Weichheit, die es braucht, damit zum Beispiel das stattfinden kann, was man als den Samenbildungsprozess kennt, wäre viel weniger stark ausgebildet. Die Bienen sind in dem Sinn wirksam, dass die Erde sich immer und immer wieder von dem erholen und befreien kann, was sich als die Wirkung der Widersacherwesen auf sie beobachten lässt.

Indem man diese Verwandlungsarbeit übersinnlich genauer beobachtet, kann man eine sehr überraschende Feststellung machen. Es lässt sich ein besonderer Strom wahrnehmen, der aus der Erde aufsteigt und sich über die fliegenden Bienen ergießt. Dieser Verwandlungsstrom hat mit der Tätigkeit des Fliegens zu tun. Er steigt aus der Erde auf und entlädt sich über die rasch bewegten Flügel einer jeden fliegenden Biene. Dabei geht dieser aufsteigende Strom durch das entsprechende Volk und ihre Königin hindurch. An den Flügelspitzen wird dieser Strom wieder entlassen. Die Summe der Flügelbewegungen eines Volkes bildet eine übersinnliche Sphäre, von der ein Sog ausgeht, durch den diese Verwandlung hervorgerufen wird. Er ist die treibende Kraft bei der hier gemeinten Verwandlungsarbeit. Die Notwendigkeit für diese Verwandlungsarbeit liegt aber in der Erde selbst und hat zu tun mit der Not der höheren und niedrigeren geistigen Wesen, die mit dem Dasein der inneren Erde sich verbunden haben. Durch die Bienen haben sie die Möglichkeit, sich zu einem gewissen Teil von den negativen Kräften zu befreien, die ihre Lebensentwicklung hemmen.

Die geschilderten Beobachtungen werfen ein bedeutsames Licht auf die Wesenskräfte, mit denen das Bienenvolk verbunden ist. Tatsächlich offenbaren sich die hohen Verwandlungskräfte, die durch die Bienen wirksam werden, gerade dann, wenn man schaut, wie tief sich die Bienen auf die negativen Kräfte der Erde einlassen und wie nahe sie ihnen kommen. Man wird dadurch auf ein wesentliches Geheimnis der Bienen aufmerksam, das eine Lebenssphäre der Erde und des Menschen berührt, die zum Heiligsten gehört, dem man auf dem Weg der übersinnlichen Forschung begegnen kann: die Wirksamkeit der kosmischen Christuswesenheit in der Erde. Durch meine Forschungen hat sich immer wieder bestätigt, dass die Bienen ganz in dem Wesen des Christus stehen. Man kann sie eigentlich nicht in ihrer Tiefe verstehen, wenn man nicht ihre Verbundenheit mit der Christuswesenheit berücksichtigt. Ich denke, dass von vielen Menschen in der Vergangenheit geahnt oder gar erkannt worden ist, dass die Bienen und die Christuswesenheit in einem tiefen und bestimmenden Verhältnis zueinander stehen. Auch heute sind mir viele Menschen bekannt, für die dieser Zusammenhang keinem Zweifel unterliegt. Das ermutigt mich zu diesem Hinweis.

Ich möchte gerne die Worte eines erfahrenen Bienerichs hinzufügen, die das Vorangehende unterstreichen:

> Die Mutter der Bienenschwestern ist ihre Königin, ihr Vater ist Christus selbst. Sie sind ihre wie seine Kinder. Die Aufgabe der Drohnen ist es, seine Vaterschaft zu vermitteln. Sie geben sein Wesen an das Bienenvolk weiter. Sie stehen deshalb ganz in seinem Strom, denn durch sie nur kann er seine Vaterschaft übertragen. Die Drohnen sind nun genauso, wie sie sind, weil diese Übertragung ihre wesentliche Aufgabe ist. Die Bienen stehen ganz in seiner Huld, in seinem Schutz. Nur deshalb können sie leisten, was sie leisten, weil sie eigentlich Teil seines hohen Wesens sind, in einer Art, wie es nur sehr wenige Wesen auf der Erde sind. Eigentlich findet sich auf der Erde nur eine Wesenheit, die es auf eine vergleichbare Art ist, nämlich die menschliche Seele.

Der Schlaf des Menschen und die Bienen

Die zweite Verwandlungsarbeit, die die Bienen am schlafenden Menschen leisten, ist bereits dort beschrieben worden, wo es um die Gaben der Arbeiterinnen an den Menschen ging (siehe S. 94), und braucht deshalb hier nur noch kurz erwähnt zu werden. Übersinnlich lässt sich eine Strahlung beobachten, die von den tätigen Bienen in die Sphäre des schlafenden Menschen aufsteigt. Diese Strahlung erleichtert es der Seele für die Zeit des Schlafes, einen Ausgleich zu den physischen Lebensbedingungen zu finden, mit denen sie wachbewusst verbunden war. Die einschlafende Seele erhält die Möglichkeit, das abzulegen, was sie noch zu stark an die Tageserlebnisse bindet, und diese Erlebnisse loszulassen. Es ist ein Loslassen, ein Abschiednehmen, das die Seele dazu führt, sich dem Schlaf hinzugeben. Diese Fähigkeit des Loslassens ist eigentlich für die Seele eine Gnade. Sie kommt dadurch zu sich selbst. Durch diese Gnade wird die Seele von der Wirklichkeit berührt, die zu einem späteren Zeitpunkt der Tod für sie bedeuten wird. Der Schlaf ist ein kleiner Tod. Gerade durch die Arbeit, mit der die Bienen tief in das Substanzgeschehen der Erde eingreifen, indem sie bestimmte Substanzen einsammeln und verwandeln, löst sich ein heilender Strom, der zu den Seelen der einschlafenden Menschen aufsteigt. Dadurch, dass sich die Bienen an die Erdensubstanzen binden, werden Kräfte frei, die den Seelen helfen, sich von den Tageserlebnissen zu lösen.

Die Bienen und die Welt der Verstorbenen

Auch die dritte Verwandlungsarbeit der Bienen ist schon dargestellt worden. Das, was als ein Leuchten von den schwärmenden Bienen aufsteigt, vereinigt sich mit der Welt, in der die Seelen der Verstorbenen leben. Diese können dadurch an einer Kraft teilhaben, die für sie ganz besonderer Natur ist. Sie schauen in ein Leben, das von der Erde kommend zu ihnen aufsteigt. Sie werden dadurch in einer ganz bestimmten Weise gestärkt. Kräfte werden ihnen zuteil, durch die sie in die Lage kommen, sich in einer harmonischen Art mit der Welt zu verbinden, in der sie vor dem Übertritt in die geistige Welt gelebt haben. Aus dieser Welt, von der Erde, empfangen sie das Licht, das von den schwärmenden Bienen zu ihnen aufsteigt. Die Verstorbenen schauen durch das, was durch die schwärmenden Bienenvölker zu ihnen aufsteigt, zur Erde. Sie schauen aber nicht *auf* die Erde, sondern sie schauen *in sie hinein.* Die Erde enthüllt sich und zeigt ihnen ihre innere Leuchtkraft. Die Erde erscheint ihnen dadurch als die Heimat, zu der sie nach ihrem Gang durch die geistige Welt wieder zurückkehren werden. Der Impuls, die Trennung zwischen der physischen und der geistigen Welt aufzuheben, erfährt so eine Verstärkung. Die aufsteigenden Seelen werden, wenn sie das Licht schauen, das von den schwärmenden Bienen in ihre Welt hineinstrahlt, von einer Kraft durchdrungen, die es ihnen erleichtert, sich mit dem Zustand, in dem sie sind, zu versöhnen. Die Seelen, die mit ihrem Los hadern, weil sie auf der Erde so viel zurücklassen, was noch ungelöst ist, umfängt ein mildes Licht. Von ihrem Schmerz werden die Verstorbenen zu einem Teil befreit, denn sie machen die Erfahrung, dass die Trennung von der Erdenwelt viel weniger stark ist, als sie gemeint haben. Sie sehen, dass ein tiefes gegenseitiges Durchdrungensein die irdische und die geistige Welt auszeichnet. Es gibt nicht bloß das

Hier und das Dort. Es gibt genauso das Hier im Dort und das Dort im Hier.

Ich möchte hier ein Zitat von Rudolf Steiner wiedergeben, das von einer anderen Richtung her doch dasselbe geistige Geschehen beschreibt. Er schildert das Ausfliegen eines Schwarms und wie dieser sich wieder zur Schwarmtraube zusammenfindet und verbindet es mit dem Geschehen von Tod und Wiedergeburt der Menschenseele: «Aber der Bienenstock ist kein ganzer Mensch. Die Bienen können nicht den Weg in die geistige Welt hinein finden. Wir müssen sie in einem anderen Bienenstock zur Wiederverkörperung bringen. Das ist direkt ein Bild von dem sich wiederverkörpernden Menschen. Und der, der so etwas beobachten kann, der hat einen ungeheuren Respekt vor diesen schwärmenden alten Bienen mit ihrer Königin, die eigentlich sich so benimmt, wie sie sich benimmt, weil sie in die geistige Welt hinein will. Aber sie ist so materiell physisch geworden, dass sie das nicht kann. Und da schmusen sich die Bienen zusammen, werden ein einziger Körper. Sie wollen zusammen. Sie wollen aus der Welt heraus. Sie wissen ja: Während sie sonst fliegen, setzen sie sich nun an einen Baumstamm oder so etwas an, kuscheln sich zusammen, um zu verschwinden, weil sie in die geistige Welt hinein wollen. Und dann werden sie wieder der richtige Bienenstock, wenn wir ihnen helfen, wenn wir sie wieder zurückbringen in den neuen Bienenstock.»[7]

Die Bienen als Tiere der Schwelle

Die vorhergehenden Schilderungen zeigen, inwiefern die Bienen Tiere des Übergangs sind. Sie wirken dort heilend, wo die geistige und die irdische Welt sich berühren und ineinander übergehen. Die harmonisierende Wirkung des Honigs auf den Menschen weist im Kleinen auf die Heilwirkung hin, die von den Bienen im Großen auf Erde und Mensch ausgeht.

Die Schilderungen der Wirkungen der Bienen auf die Menschen und die Lebensbedingungen der Erde sind ein Schlüssel, um zu verstehen, worin die Gründe für die gegenwärtige Not der Bienen liegen. Wir befinden uns heute in einer Zeit, in der für das Bewusstsein des Menschen die geistige Welt wie noch nie von der physischen Welt getrennt ist. Die Schwelle zwischen den Welten scheint für das menschliche Bewusstsein in einem hohen Maß unüberwindbar geworden zu sein. Das Bewusstsein erlebt diese Schwelle nicht mehr als ein wesentliches Merkmal des Menschen. Tatsächlich hat der Mensch heute vielfach die Gewissheit verloren, dass es eine andere, eine geistige Welt gibt. Gerade die Bienen sind nun Wesen, deren geheimnisvolle Arbeit darin besteht, den Übergang zwischen den Welten offen, beweglich und lebendig zu erhalten. Doch ist die Menschheit in vielen Bereichen dabei, die Tore zwischen den Welten mit aller Macht zu schließen. Die Bienen als Wächter dieser Tore können deshalb nicht anders, als zu erkranken. Was der Mensch als Verwirklichung seiner Gedanken, Gefühle und Willensimpulse in die Welt setzt, überfordert sie.

Die Aufgabe der Bienen ist es, zwischen der geistigen und der physischen Welt zu stehen und zu vermitteln. Doch dieser Übergang wird immer schwieriger, fester und härter. Das Leiden der Bienen ist ein Leiden daran, dass die verschiedenen Lebenswelten, die doch zusammen gehören, vom Menschen getrennt werden. Das ist es, was die Bienen schwächt. Nicht nur bestimmte Substanzen, die die Bienen vergiften, sind Ursache ihrer Not. Ebenso wie die Substanzen selbst rauben die Gedanken, die dazu führen, diese wider besseres Wissen herzustellen und einzusetzen, ihnen die Lebenskräfte und üben eine lähmende Wirkung auf sie aus.

Die Bienen sind sehr stark den menschlichen Einflüssen ausgesetzt, die geistig und seelisch den Erdorganismus prägen. Einerseits können sie nur deshalb ihre heilende Arbeit tun, weil sie der Welt des Menschen so hingegeben sind. Andererseits sind gerade sie, die sich in die Obhut der Menschen begeben haben, in einem großen Umfang auf den Schutz und die Unterstützung durch den Menschen angewiesen. Die Bienen sind mit den Lebensimpulsen der Menschen tief verbunden. Eine Unterstützung und Heilung der Bienen bedeutet deshalb auch immer eine Verwandlung des Menschen und seiner Haltung gegenüber der Erde und ihren Wesen. Die Heilung der Bienen kann nicht unabhängig von der Selbstheilung der Menschen gedacht und vollzogen werden.

Das Wesen der Varroa-Milbe

Es ist nicht Aufgabe dieser Darstellung, die Krankheiten der Bienen zu behandeln. Im Zusammenhang mit der Verwandlungsarbeit der Bienen soll aber doch auf das Wesen der Varroa eingegangen werden. Beinahe jedes Bienenvolk in Mitteleuropa ist von dieser Milbe befallen und muss deshalb auch vom Imker durch eine umständliche Prozedur mehrmals im Jahr behandelt werden. Die Varroen entwickeln sich zusammen mit den Bienenlarven in den Brutzellen. Wenn die Biene schlüpft, schlüpfen die Varroen mit aus und suchen sogleich wieder Brutzellen mit Bienenmaden auf, um sich weiter fortzupflanzen. In einem Bienenjahr entwickeln sich so in einem Volk mehrere Generationen von Varroen, was zur Folge hat, dass ihre Anzahl progressiv zunimmt. Da sich die Milben von der Hämolymphe, dem Bienenblut, ernähren, werden die Bienen durch einen starken Befall sehr geschwächt. Wenn der Imker nicht Maßnahmen ergreift, die zu einer Reduktion der Varroen führen, stirbt das Volk schließlich.

Wir wollen fragen, in welchem Verhältnis das Wesen der Varroa zur Biene steht? Als ich mich mit der Milbe zu befassten begann, überraschte mich, dass das Bienenwesen ihr gegenüber keine Abneigung oder Hass empfindet. Ich traute meinen «Augen» nicht, aber ich hatte nicht den Eindruck, dass das Bienenwesen die Varroa als etwas ihm Fremdes behandelte. Es schien ohne eine Spur von Antipathie mit ihr verbunden zu sein. Das überraschte mich, da ich wusste, wie stark Bienen, die von der Varroa befallen sind, leiden müssen. Noch mehr überraschte mich die Antwort, die ich vom Bienenwesen auf meine Fragen nach dem Wesen der Varroa erhielt.

Der Befall durch die Varroa macht etwas sichtbar, was sowieso schon auf den Bienen lastet. In der Varroa zeigt sich, was den Bienen durch die Menschen auf geistigem Wege zugemutet wird: das Schattenhafte der menschlichen Seele, das die Menschen nicht selbst verwandeln und nun der Erde und ihren Wesen, vor allem auch den Bienen, aufbürden.

Die Milben sind nicht die Ursache dieser Belastung, sie sind ihr Ausdruck. Es hat deshalb auch keinen Sinn, die Varroa zu hassen oder auch nur Gefühle der Antipathie mit ihr zu verbinden. Durch sie *offenbart* sich das Übel.

Von der Varroa lässt sich als dem Schattenwesen sprechen, das von der Seele des Menschen auf die Bienen fällt. Die Varroa ist der sichtbar gewordene Seelenschatten des Menschen, mit dem es die Bienen immer zu tun haben und den sie nicht mehr in der Lage sind ohne die Mithilfe des Menschen zu tragen. Das Vorhandensein der Varroa zeigt, dass den Bienen vom Menschen mehr zugemutet wird, als sie ertragen können.

Die Varroa-Milbe hat die Imker aufgerüttelt und darauf aufmerksam gemacht, dass die Bienen krank sind. Durch das Auftauchen der Varroa ist die Pflege der Bienen zu einer großen Herausforderung geworden. Das hat dazu geführt, dass die Fragen in eine neue Richtung gelenkt wurden. Man hat begonnen, sich über das Verhältnis der Menschen zu den Bienen weitergehende Gedanken zu machen. Die Verantwortung, die der Mensch der Natur und der Erde gegenüber hat, wurde zu einem wichtigen Thema.

Man kann sagen, dass die Varroa die krankmachenden Einflüsse auf sich genommen hat, die geistig vom Menschen stammend auf der Erde wirksam sind. Dadurch verhinderte sie eigentlich, dass die Bienen noch rascher erkrankten. Das Leiden der Bienen hat durch die Milbe einen Namen bekommen. Durch sie ist es dem Imker möglich, etwas gegen die Erkrankung der Bienen zu unternehmen. Die Bienenvölker müssen seitdem gegen die Varroa behandelt werden. Die Bienen leiden unter ihr, werden aber dadurch gleichzeitig vor dem geschützt, was die Varroa auf sich genommen hat und was die Bienen viel rascher dezimiert hätte. Die Varroa stellt so etwas wie einen Puffer für die Bienen dar. Die aktuelle Situation der Bienen weist jedoch darauf hin, dass dieser Puffer langsam aufgebraucht ist.

XII Menschenbiene und Bienenmensch

Die Seele des Bienenstocks

In seinen Vorträgen über das Wesen der Bienen macht Rudolf Steiner eine Aussage, die als Einleitung zu diesem Kapitel gelten kann. Darin weist er auf die Zusammengehörigkeit von Bienenstock und Imker hin. «Wenn ein beim Bienenvolk beliebter Bienenvater da ist und er krank wird oder stirbt, dann kommt tatsächlich das ganze Bienenvolk in Unordnung. Es ist so. Nun sagte einer, der nun so recht im Sinne der gegenwärtigen Anschauung dachte: Aber die Biene sieht ja nicht so genau, sie hat gar keine Vorstellung vom Bienenzüchter, vom Bienenvater, wie soll da irgendwie eine Zusammengehörigkeitsempfindung entstehen? Aber noch viel mehr. Nehmen wir an, der Bienenvater versorgt dieses Jahr den Bienenstock, im andern Jahr ist ein ganz anderes Bienenvolk darinnen, es ist ganz ausgetauscht bis auf die Bienenkönigin, es sind lauter junge Bienen drinnen. Wo soll da die Zusammengehörigkeitsempfindung entstehen? – Ich antwortete Folgendes: Derjenige, der den menschlichen Organismus kennt, weiß, dass in gewissen Perioden der menschliche Organismus alle seine Stoffe austauscht. Nehmen wir an, irgend jemand lernte heute einen Menschen kennen, der nach Amerika geht und nach zehn Jahren zurückkommt. Er findet einen ganz andern Menschen vor, als der war, den er vor zehn Jahren gekannt hat. Er findet alle Stoffe ausgetauscht, er findet eine ganz andere Zusammenfügung vor. Da liegt nichts anderes vor als beim Bienenstock, wo die Bienen ausgetauscht sind, aber es bleibt die Zusammengehörigkeit zwischen dem Bienenstock und dem Bienenvater. Diese Zusammengehörigkeit beruht darauf, dass im Bienenstock eine ungeheure Weisheit lebt, er ist nicht nur dieses Häuflein einzelner Bienen, sondern der Bienenstock hat wirklich eine konkrete eigene Seele.»[8] Was ist mit diesem Hinweis auf die Seele eines Bienenstocks gemeint? Was ist diese Seele? Dieser Frage wollen wir uns im Folgenden zuwenden.

Die Wintertraube und die Seele des Menschen

Als ich im Jahre 2004 damit begann, das Bienenwesen mit den Möglichkeiten der übersinnlichen Wahrnehmung zu erforschen, wurde ich immer wieder auf das Geheimnis der Wintertraube hingewiesen. Von einem Bienerich hörte ich die Worte: «Das Geheimnis der Bienen tritt zutage im Winter. Im Winter findest du ihr Geheimnis, nicht im Sommer. Im Sommer offenbaren sie die sinnliche Seite ihres Wesens, im Winter aber offenbaren sie ihre geistige Seite.» Später setzte er die Worte hinzu, die mich lange beschäftigten: «Im Sommer hütet der Mensch die Bienen, im Winter aber hüten die Bienen den Menschen.»

In der folgenden Zeit versuchte ich, den Sinn dieser Worte zu erfassen. Sie schienen mir ein wesentliches Geheimnis zu enthalten, das auf die geistigen Zusammenhänge hinweist, die zwischen dem Menschen und den Bienen bestehen. Die Worte zeigen, dass dieser Zusammenhang viel intimer ist, als ich bisher zu denken gewagt hatte. Ich war sehr glücklich über diesen Hinweis. Ich spürte aber auch, dass ich sehr behutsam damit umgehen musste.

Tatsächlich unterscheidet sich der Winterzustand des Bienenvolkes wesentlich von dem Zustand, den es im Sommer einnimmt. Im Sommer ist es ganz dem Einsammeln und Verwandeln der Substanzen hingeben. Die Bienen kümmern sich um den Erhalt und Schutz des Volkes, um die Pflege der Brut, produzieren Honig und sorgen für die Bestäubung vieler Blüten. Das Bienenvolk befindet sich in einer unaufhörlichen Bewegung und Entwicklung. Selbst in der Nacht ruht es nicht. Im Winter aber kommt diese Tätigkeit beinahe vollständig zum Erliegen. Das Volk bildet eine Traube, die ihm das Überleben sichert. Innerhalb dieser Wintertraube vermögen die Bienen so viel Wärme zu erzeugen, dass das einzelne Insekt trotz der Kälte überleben kann. Im Kern der Traube besteht eine Temperatur von bis zu dreißig Grad. Die Bienen befinden sich daher in einer beständigen, fließenden Bewegung, so dass diejenigen, die außen sind, immer wieder nach innen kommen und so nicht zu stark erkalten.

Indem man es unternimmt, sich meditativ in eine Wintertraube zu versetzen, kann man eine wichtige Seite der Bienen kennenlernen. Man rührt an ein großes Geheimnis. Man wird gewahr, dass das Volk im Sommer durch die Ausdehnung, die es erfährt, für das physische Substanzgeschehen offen ist. Es arbeitet an konkreten Substanzverwandlungen, es dient dem Wachstum der Pflanzen und liefert dem Menschen hochwertige Nahrungs- und Heilmittel. Das Bienenvolk ist im Sommer ganz den physischen Erdenbedingungen hingegeben. Im Winter zieht sich das Volk zusammen, es nimmt physisch nur einen sehr kleinen Raum ein, der um ein Vielfaches enger ist als der Raum, den es im Sommer erfüllt. Es ist aber deshalb nicht passiv. Es muss sich vor der Kälte, die draußen herrscht, schützen. Das tut es, indem es die Kraft, die im Honig lebt, in Bewegung und Wärme umsetzt. Man kann nun aber auch bemerken, dass geistig eine Veränderung mit dem Volk vor sich geht. Es löst sich aus den irdischen Bedingungen. Indem es eine abgeschlossene Wesenheit bildet, dehnt es sich geistig aus. Physisch zieht sich das Bienenvolk im Winter zusammen, geistig aber dehnt es sich aus. Und zwar dehnt es sich so aus, dass es hingezogen wird zum geistigen Kern der Erde. Jedes Bienenvolk wird im Winter selbst zu einer kleinen Erde. Es gibt sich dem Licht hin, das in der Erde geistig leuchtet.

Man kann nun seine Aufmerksamkeit auf diese geistige Ausdehnung des Bienenvolkes im Winter richten und nach ihrer Bedeutung fragen. Dabei wird man die überraschende Beobachtung machen, dass es einen Zusammenhang gibt zwischen dem Zustand der Wintertraube des Bienenvolkes und der menschlichen Seele. Indem die Seele hineinschaut in das, was geistig sich in der Wintertraube ereignet, macht sie die Entdeckung, dass ihr ein lebendiges Bild vorgehalten wird. Dieses Bild hat tief mit der Seele selber zu tun.

Was nun die Seele in dem besagten geistigen Bild erkennt, ist das Urbild ihres Entwicklungsweges selbst. Indem der Mensch seinen geistigen Sinn auf den Zustand der Wintertraube richtet, wird er zu dem Urbild der Entwicklung und Reifung der menschlichen Seele hingeführt. In diesem Urbild ist es möglich zu lesen, worin der Entwicklungsweg der Seele besteht. Die Hüteaufgabe, die das Bienenwesen für den Menschen übernommen hat, gilt dem Entwicklungsweg der menschlichen Seele. Dieser ist mit der Entwicklung der menschlichen Freiheit tief verknüpft. In diesem Sinne hüten die Bienen den Menschen.

Der Bienenweg der Seele

In zurückliegenden Zeiten war es für den Menschen selbstverständlich, dass die Wesenheiten, die ihn umgeben, seine Lehrmeister sind. Die Tiere und Pflanzen und auch die Erde als Ganzes lehrten den Menschen, ihr Dasein kündete von Geheimnissen, die ihn existenziell betreffen. Sie tun es noch immer.

Das galt und gilt auch für die Bienen. In diesem Sinne obliegt es dem hohen Bienenwesen nicht nur, aus der geistigen Welt die Bienen hervorzubringen, sondern es hat ebenfalls bedeutsame Aufgaben für die Seele des Menschen und ihre Entwicklung. Es hütet das Urbild des geistigen Entwicklungsweges des Menschen. Dieses Urbild des Entwicklungsweges der Seele kann man deshalb als den Bienenweg bezeichnen. Der Bienenweg ist nichts anderes als der Weg der Läuterung der Seele.

Wer imkert, geht schon dadurch einen bestimmten Entwicklungsweg. Ihm ist durch die Arbeit an und mit den Bienen der Weg der Bienen unmittelbar gegeben. Dieser Weg steht aber auch den Menschen offen, die keine Bienen betreuen. Er ist für alle da, denn es ist ein Menschheitsweg, und er wird gangbar durch das geistige Bienenwesen. Er öffnet sich durch das Leben der Bienen und ihr Dasein für die Menschen, die sich um eine innere Entwicklung bemühen.

Die Bienen sind mit dem Entwicklungsgang der menschlichen Seele verbunden. Es lässt sich deshalb auch von einem bestimmten Seelenweg sprechen, der dem suchenden und lauschenden Menschen durch das Bienenwesen vermittelt wird. Dieser Weg hat natürlich dadurch, dass er durch das Bienenwesen hindurch zum Menschen kommt, eine bestimmte Beschaffenheit und Ausrichtung. Sein Grundsatz besteht darin, dass die Seele des Menschen vollständig auf ein eigenes Urteil zu verzichten hat, wenn sie sich vornimmt, einen Gegenstand oder ein Wesen zu erkennen. Damit das fremde Wesen erkannt werden kann, muss sich die Seele des Menschen ihrer Eigenheiten enthalten und nur das aufnehmen, was die freie ungehinderte Wahrnehmung bietet.

Ich möchte nun, so gut es mir möglich ist, eine Schilderung des Bienenweges geben. Ich bin mir bewusst, dass das nur eine der möglichen Arten ist, diesen Weg zu schildern. Dazu nehme ich eine Unterteilung in sieben Stufen vor. Eigentlich fließen die einzelnen Phasen dieses Weges unmerklich ineinander. Die Unterteilung in sieben Stufen dient jedoch dem besseren Verständnis. Dadurch ist es leichter, diesen Weg darzustellen.

Dieser Weg ist der Weg des Menschen, der sich entwickeln möchte. Es ist ein Entwicklungsweg. Der Mensch, der diesen Weg geht, erlangt eine tiefere Erkenntnis der Dinge und Wesen, die ihn umgeben. Es ist deshalb naturgemäß nicht nur ein Entwicklungsweg, sondern auch ein Erkenntnisweg. Der Bienenweg stellt daher auch das Urbild des Erkenntnisweges des Menschen dar.

Die erst Stufe dieses Weges kann man als die Stufe der *Hingabe* bezeichnen. Die Seele des Menschen gibt sich hin. Sie öffnet sich vorbehaltlos dem, was sie erfahren oder erkennen möchte. Die innere Geste der Hingabe schließt die Seele auf. Dadurch wird sie im Erkennen davor bewahrt, ein Urteil zu fällen, bevor das Wesen, das sie erkennen möchte, ein Leben in den Seelentiefen entwickeln kann, das ihm entspricht. Es ist die Stufe der absichtsvollen Absichtslosigkeit. Die Seele vollzieht eine Entwicklung, durch die sie das loslässt, was das eigene Urteil nur trüben würde. Sie nimmt ihr Eigenes zurück, weil nur so das Eigene des Wesens, das sie erkennen möchte, sich Geltung verschaffen kann. Der Mensch überwindet auf dieser Stufe die Neigung, Fremdes nicht als Fremdes gelten zu lassen und es unterordnend einzugliedern in das, was er kennt. Das Wesen, das man erkennen möchte, verliert seine ihm eigene Würde, wenn es dem System des Betrachters nur eingegliedert wird. Dagegen bewahrt es seine Würde, wenn es aus sich selbst heraus sprechen und sich mitteilen kann, mit der Sprache und den Mitteln, die ihm zur Verfügung stehen. Die Stufe der Hingabe, die erste auf dem Seelenweg der Bienen, dient der Befreiung von den Urteilen, die den unmittelbaren Blick, das freie Erkennen trüben.

Die zweite Stufe ist die Stufe der *Empfängnis*. Die Seele empfängt das Wesen, das sie erkennen möchte. Sie vereinigt sich mit dem Wesen ihrer Aufmerksamkeit. Das vollzieht sich jedoch, ohne dass die Seele davon ein Bewusstsein entwickelt. Man kann diese Vereinigung deshalb auch nicht bewusst erleben. Sie geschieht im Schlafzustand der Seele. Erst später erwacht sie für das, was auf der zweiten Stufe des Bienenweges unbewusst vor sich geht. Bei Menschen, die eine bewusste Auseinandersetzung mit der Welt anstreben, mag diese Stufe Befremden auslösen. Aber auch das Bewusstsein wird die unbewussten Bereiche des Menschenwesens nicht leugnen können. Es ist berechtigt, sie in den Erkenntnisprozess mit einzubeziehen. Der Bienenweg zeichnet sich dadurch aus, dass der Mensch als Ganzes Berücksichtigung findet. Wir haben die Bienen schon als Wesen kennengelernt, die ein Leben an der Schwelle zwischen Licht und Finsternis führen. Im zweiten Schritt des Bienenweges taucht die Seele des Menschen in ihr dunkles, unbekanntes Wesen ein. Die dunkle, unbewusste Seite der Seele kommt zu ihrem Recht. Der Mensch lernt dadurch, sich mit sich selbst zu versöhnen.

Die dritte Stufe besteht darin, das, was die Seele empfangen hat, in das *Licht des Bewusstseins* zu heben. Der Mensch versucht mit den Kräften seines Bewusstseins auszuloten, was er von dem Wesen, dem seine ungeteilte Aufmerksamkeit galt, empfangen hat. Diese Stufe ist das, was man einen langsamen seelischen Geburtsakt nennen kann. Der Eindruck, den die Seele aufgenommen hat, wird aus ihren Tiefen ans Licht gehoben. Was die Seele empfangen hat, ist vergessen worden. Nun beginnt der bewusste Teil der Seele das, was in sie abgesunken ist, zu schauen. Das geschieht durch die Kraft der Erinnerung. Sie dient dazu, das bewusst zu machen, was die Seele empfangen hat. Was sie von den Wesen, die in den Kreis ihrer Aufmerksamkeit treten, empfängt, ist weisheitsvoll. Sie nimmt in sich den Geist der Dinge und Wesen auf. Sie nimmt ihn aber auf wie in einem Traum. Auf der dritten Stufe wird die Weisheit geweckt, die der Seele zuteil wird, weil sie sich mit der Erde und ihren Wesen tief verbindet.

Auf der folgenden vierten Stufe erlangt der Mensch die Fähigkeit, das deutlich vor sich hinzustellen, was er mit den Kräften der Erinnerung der eigenen Seele entringen konnte. Es findet eine *Wesensbegegnung* statt. Was seine Seele im Durchschreiten der vorangegangenen Stufen hervorbringen konnte, schaut er nun an wie etwas Äußerliches. Das ist nötig, weil er sonst nicht die Möglichkeit hätte, das, was durch seine Seele hindurchgegangen ist und sich ihr entrungen hat, zu benennen und zu beschreiben. Es sind die Kräfte des Ichs, mit denen der Mensch das anschaut, was er aus seiner Seele durch die Fähigkeit der Erinnerung hervorgeholt hat. Er schaut an, was sich ihm von dem Wesen, das seine Seele durch die Kräfte der Hingabe in sich aufgenommen hat, zeigt.

Die fünfte und die zwei folgenden Stufen verwandeln das, was durch die vierte Stufe hervorgebracht worden ist. Es geht nun darum, das innere Bild, das durch den ursprünglichen Eindruck entstanden ist, immer tiefer zu verstehen. Nun erst kommen die Kräfte ins Spiel, von denen sich die Seele auf der ersten Stufe frei halten musste. Es geht um das *Verstehen,* wobei der Mensch mit seinem Bewusstsein von der fünften bis zur sechsten Stufe immer tiefer das geistige Wesen und die Weisheitsordnung versteht und durchdringt, die sich in dem angeschauten Wesen aussprechen.

Die siebente Stufe bedeutet den Abschluss des Erkenntnisweges. Der Mensch gibt das, was er erkennen konnte, weiter. Er will es nicht für sich behalten, weil er merkt, dass es dadurch ersterben würde. Es geht um das Loslassen dessen, was man erfahren hat. Es geht eigentlich darum, es wieder zu vergessen, denn nur dadurch ist man bereit, sich erneut einem anderen Wesen zuzuwenden.

Die Gaben der Bienen

Es fand schon Erwähnung, dass mir zwei rätselhafte Worte vom Beginn meiner Forschung an von Bienerichen immer wieder zugeraunt wurden: «Menschenbiene und Bienenmensch». Durch die bisherigen Ausführungen mag die Bedeutung dieser beiden Worte ein wenig erhellt worden sein. Es ist deutlich geworden, dass das Bienenvolk in einem besonderen Verhältnis zum Menschen steht. Wenn man das, was dargestellt wurde, an sich vorüberziehen lässt, kann man mit Recht sagen, dass die Bienen für den Menschen Seelenschwestern sind, die ihm aus der geistigen Welt geschickt werden. Er wird von ihnen auf seinen irdischen Wegen begleitet. Sie stehen ihm für seine Aufgaben auf der Erde zur Seite. Die Aufgabe, die die Bienen für die Menschen übernehmen, sind in den vorherigen Kapiteln bereits beschrieben worden. Sie sollen hier noch einmal zusammenfassend dargestellt werden.

Die ersten, dem physischen Lebensbereich angehörenden Gaben der Bienen sind die konkreten substanziellen Verwandlungsarbeiten, die durch sie geleistet werden. Das sind die Arbeiten, die schließlich zur Erzeugung des Honigs führen. Damit die Bienen den Honig hervorbringen können, findet eine intensive Berührung zwischen ihnen und der Landschaft statt, in der sie leben. Man kann den Honig, dessen Grundsubstanzen von den Blüten der Landschaft stammen, deshalb als einen substanziellen «Abdruck», als eine Essenz der Landschaft ansehen. Die Verbindung, die die Bienen mit der Landschaft eingehen, ist innig. In den Pflanzen, den Blüten lebt das geistige Wesen der Landschaft. Der Nektar ist ein Landschaftssubstrat, das die Bienen einbringen und daraus den Honig bilden. Dessen Heilkräfte für den Menschen sind natürlich in dem Prozess seiner Entstehung veranlagt. Man kann daher den Honig als die erste Gabe der Bienen an ihre Seelengeschwister, die Menschen, bezeichnen.

Die zweite, eher seelische Gabe der Bienen an die Menschen ist ausführlich beschrieben worden. Sie hat mit den Verwandlungsarbeiten der Bienenvölker an der Erde und den Menschen zu tun. Die Bienen lösen durch ihre Tätigkeiten einen heilenden Strom aus, der die Erde von ihren geistigen und seelischen Belastungen befreit. Sie wirken aber auch heilend hinein in den Bereich der schlafenden Menschen und der sich aus der Verbundenheit mit dem Irdischen lösenden Menschenseelen.

Die dritte Gabe bezieht sich am ehesten auf die geistige Organisation des Menschen. Auch dieser Zusammenhang ist bereits dargestellt worden. Er hat mit der Winterruhe des Bienenvolkes zu tun. Durch diese kommen von den Bienen dem Menschen Kräfte für seine geistige Entwicklung zu. Die geheimnisvolle Bezeichnung der Tempeljungfrauen im früheren Griechenland als Bienen (Melissa) ist ein Hinweis auf die dritte Bienengabe. Der Gang der Bienenkönigin durch die winterliche Erde und ihr Wiedererscheinen im Frühjahr weist auf innerliche, geistige Kräfte des Menschen hin. Der Weg der Königin durch die Nacht des Jahres steht in einem geheimnisvollen Zusammenhang mit dem Weg des Menschen, den er geht, wenn er nach höherer Erkenntnis der Erde und des Daseins sucht.

Worte der Feen über die Bienen

Feen sind hochstehende Elementarwesen, die sowohl mit der Landschaft als auch mit dem Menschen verbunden sind. Sie leben an ganz bestimmten Orten in der Landschaft, an Waldrändern, über Bächen, auf Wiesen oder Waldlichtungen. Man kann sie aber auch in Parkanlagen antreffen oder über bedeutsamen Stellen mitten in Städten. Sie sind Hüterwesen, die zwischen dem geistigen Leben der Erde und dem Dasein des Menschen vermitteln. Sie haben ein umfassendes Bewusstsein. Der Mensch kann zu ihnen in Kontakt treten und sich von ihnen belehren lassen, ja, sie suchen Menschen, die zu ihnen in eine Beziehung treten wollen.

Es ist in unserem Zusammenhang von Interesse zu hören, was die Feen über die Bienen sagen. Es muss uns jetzt nicht mehr wundern, wenn zwischen ihnen und den Bienen eine tiefe Verbindung besteht. Beide, Feen wie Bienen, sind Wesen der Landschaft. Vielleicht befremden diese Worte den einen oder anderen Leser. Ich möchte dennoch nicht auf sie verzichten. Einerseits bestätigen sie die bisherige Darstellung, andererseits kommen wesentliche Aspekte hinzu.

> Wir Feenwesen stehen unter dem Zeichen der Bienen. Das heißt, wir tragen das Zeichen der Bienen an uns. Jede Fee ist in diesem Sinn eine Biene. Sie ist mit den Bienen und ihrem Auftrag verbunden, sie ist im Geist der Bienen tätig. Deshalb ist jede Fee eine Biene. Auch die Menschen, die mit dem Auftrag der Bienen verbunden sind und also in deren Geist wirken, sind Bienen. Das heißt, sie werden Bienen genannt. Es ist vom Standpunkt der geistigen Wesen so, dass Nennen und Sein dasselbe ist. Wer Biene genannt wird, der ist eine Biene. Im Geistigen bestehen die Trennungen nicht, die ihr aus eurer Sichtweise gewohnt seid und die einzuhalten auch richtig und wichtig ist in eurer Welt. Für uns geis-

tige Wesen gilt diese Trennung aber nicht. Für uns ist Nennen und Sein das Gleiche, auch wenn es unter euch Menschen ganz anders ist. Und so kann es sein, dass es Menschen gibt, die Bienen sind, weil sie im Sinne der Bienen leben und tätig sind. Was sind das für Menschen, werdet ihr fragen? Menschen sind das, die stehen dem Bienenwesen nahe, auch wenn sie es vielleicht nicht wissen und mit den Bienen, also den Insekten, vielleicht gar nichts zu tun haben. Dennoch tragen sie in sich die Art der Bienen, die Kraft, den Auftrag, den die Bienen verfolgen. Die Menschen, die Bienen sind, erkennen sich manchmal, weil sie im Auftrag der Bienen tätig sind. Bestimmte Themen, Lebensthemen, sind es, die die Menschen miteinander teilen, die dem Bienenwesen nahestehen. Sie haben aber auch bestimmte Überzeugungen, bestimmte Leitgedanken, die sie im Leben verwirklichen wollen. Einige dieser Leitgedanken lauten:

I. Lass das los, was du erdrückst, weil es durch deinen Wille eingeengt wird.

II. Lebe und liebe deine Freiheit und die der anderen Wesen über alles.

III. Schau, ob dein Blick in der Lage ist, das tiefe Wesen der Wesenheiten, denen du begegnest, hervorzulocken.

IV. Lebe in Frieden mit deinen Schatten. Mehr kannst du nicht für den Frieden der Erde tun. Denn was daraus erwächst, dass du mit dir selber Frieden schließt, wächst nicht nach deinem Willen, sondern nach dem Willen Gottes.

V. Verbinde dich mit den Wesen, denen du begegnest, indem du ihnen zu verstehen gibst, dass du ohne jedes Urteil bleiben und auch nicht dulden willst, dass man sich ein Urteil über dich bildet. Denn es gibt das Urteil nicht, das nicht auch Lügen enthält. Statt zu urteilen, reicht es, in der Wahrnehmung freier, achtsamer, lebendiger und voll Fröhlichkeit zu sein.

VI. Es kann nicht gelten, was andere sagen. Gewicht haben einzig die eigenen Erfahrungen. Diese müssen aber Schritt für Schritt in ihrem Reichtum erkannt werden.

VII. Friede heißt Dulden, Erwarten und Fördern der Verschiedenheiten der Menschen. In der Verschiedenheit, in der Erkenntnis des Wertes der Individualität liegt die Quelle des Friedens. Das entwickelte Ich des Menschen und nichts anderes ist die Quelle des Friedens auf der Erde.

VIII. Gesetze sind nicht dazu geeignet, die Freiheit zu fördern. Sie tun das Gegenteil, weil sie den einzelnen Menschen an der Erfahrung der moralischen Kraft, über die er verfügt, hindern.

IX. Die Menschen, die zusammenkommen, weil sie die Verschiedenheit der Menschen lieben, schätzen und begrüßen, arbeiten daran, den Frieden der Erde und der Schöpfung zu vermehren.

X. Wer steht, darf die Angst vor dem Fallen nicht ignorieren. Er muss sie loslassen. Wenn die Angst fällt, kann er stehen aus sich heraus.

Das sind Überzeugungen, an denen sich die Menschen erkennen können, die im Zeichen der Bienen stehen. Sie stehen dann auch dem Wesen der Feen sehr nahe. Es reicht ihnen aber nicht, dass sie diese Überzeugungen nur haben, sie wollen sie auch verwirklichen. Weil sie erleben, dass das gar nicht so einfach ist, halten sie damit zurück, ihre Überzeugung lautstark zu vertreten. Sie neigen dazu, nur von Dingen zu reden, die sie auch aus eigener Erfahrung kennen. Es sind deshalb Menschen, die zurückhaltend und bescheiden sind. Sie beobachten sich genau und leiden sehr daran, wenn ihnen nicht gelingt, sich so zu verhalten, wie sie es sich vorstellen. Wir Feen lieben diese Menschen und stehen ihnen bei, wo wir es nur können.

Die geistigen Gaben der Arbeiterinnen an den Imker

Es ist nun sehr interessant, genauer auf die Beziehung zu schauen, die zwischen dem Imker und den Arbeiterinnen seiner Bienenvölker besteht. Es ist tatsächlich so, dass die Arbeiterinnen einen Eindruck von dem Imker haben, der ihre Völker pflegt. Deutlich zeigt sich, dass weder die Königin noch die Drohnen zu dieser unmittelbaren Wahrnehmung des Imkers in der Lage sind. Es sind einzig die Arbeiterinnen, welche diese Verbindung zwischen dem Volk und dem Menschen aufrechterhalten. Allerdings nehmen die Arbeiterinnen das Wesen des Menschen, der sich ihnen nähert, in einer sehr träumerischen Weise wahr. Es ist das Aurische des Menschen, das sie erfühlen. Das heißt, dass es zwischen der Aura des Volkes und der Aura des Menschen zu einer Berührung kommt, die bei den Arbeiterinnen einen bestimmten Eindruck hinterlässt. Deshalb kann man mit einigem Recht sagen, dass das Volk seinen Imker erkennt, es fühlt ihn und es fühlt auch, wenn sich ein fremder Mensch nähert. Bis zur Königin dringen diese Erlebnisse der Arbeiterinnen nicht. Für die Drohnen ist der Imker bedeutungslos, er existiert für sie eigentlich nicht.

Es lässt sich nun beobachten, dass die Arbeiterinnen nicht bloß einen Einfluss auf ihren Imker haben, wenn dieser wach ist, sondern auch, wenn er schläft. Die Seele des schlafenden Menschen hat in der Regel Kontakt mit den Wesen, die ihr am Tag begegnet sind. Nur sind diese Begegnungen geistiger Natur. Da die Seele im Schlaf nur schwach mit dem Körper verbunden ist, erfasst das Bewusstsein des Menschen nicht, was sie in der Nacht erlebt. Man kann deshalb sagen, dass der Imker mit seinen Bienen träumt, auch wenn er keine Erinnerung an diese Träume haben sollte. Durch diese Begegnungen kommen die Geistwesen der Arbeiterinnen seiner Völker in die Lage, ihm etwas Gutes zu tun. Es findet tatsächlich eine Arbeit der Bienen an der Seele des Imkers statt. Sie unterstützen den Menschen, der sie am Tag unterstützt hat, in der Nacht. Die Seele des Imkers ist zu einem bestimmten Zeitpunkt ihres Weges durch die Nacht von den Geisterchen der Arbeiterinnen umgeben, die zu seinen Völkern gehören. Das heißt aber auch, dass Nichtimker nicht in den Genuss der Nachtarbeit der Geistwesen der Arbeiterinnen kommen. Diese Gabe ist daran gebunden, dass der Mensch Bienen pflegt. Der Schlaf ist die Zeit der Ernte für die Seele des Imkers.

Stirbt der Imker, reißt die Verbindung zwischen ihm und seinen Bienen nicht sogleich ab. Es sind auch in diesem Fall die Wesen der Arbeiterinnen, die die Verbindung zum Imker über den Tod hinaus aufrechterhalten. Vor allem in den drei Tagen nach dem Tod sind die Geistseelchen der Arbeiterinnen bei dem Verstorbenen anwesend. Es ist zu beobachten, dass sie bis tief in den Körper des Verstorbenen hinein tätig sind. Ihre Wirksamkeit ist um die einzelnen inneren Organe des Körpers wahrzunehmen. Man kann sehen, dass die Bienengeisterchen die Organe putzen und reinigen und sie dadurch in einer gewissen Weise wiederherstellen, damit sich die Seele leichter vom Körper lösen kann. Die Geisterchen sind in einer sehr liebevollen und sorgfältigen Weise für ihren Imker tätig. Es scheint, als würden sie die Liebe, die er für sie empfunden hat, wieder an ihn zurückgeben. Erst wenn sich die Seele des Menschen ganz aus dem Körper gelöst hat, verschwinden die Bienengeisterchen.

Der Imker und seine Völker

Ich habe einen Imker davon reden hören, dass er wie seine geliebten Tiere in den Winterschlaf geht, was seine Familie bedauert, woran sich aber nicht rütteln lässt. Imker berichten, wie sie aus dem Schlaf aufwachen mit dem bestimmten Gefühl, ihre Bienen unbedingt besuchen zu müssen. Und dann finden sie einige der Stöcke mutwillig umgestoßen. An solchen Beispielen, die sich leicht vermehren ließen, zeigt sich, dass zwischen dem Imker und den Bienenvölkern, die er pflegt, ein intensiver Austausch stattfindet. Man kann deshalb mit Recht davon sprechen, dass die Bienenvölker mit der Zeit zu einem Teil der Wesenheit des Imkers werden. Sie leben sich in einer Art in ihn ein, dass er das Gefühl bekommt, dass er an sich selbst arbeitet, wenn er an den Völkern bestimmte Arbeiten vornimmt. Natürlich ist die Beziehung bei den verschiedenen Imkern unterschiedlich gefärbt. Es ist aber eine Grundfärbung vorhanden. Diese hat damit zu tun, dass an der Beziehung zwischen dem Imker und seinen Völkern bestimmte geistige Wesenheiten teilhaben.

Die erste und wichtigste Wesenheit, die hier in Betracht kommt, ist der Bienerich. Er ist die Wesenheit, durch welche die elementare Welt des Bienenvolkes die Welt des Menschen berührt und unmittelbar auf den einzelnen Menschen, den Imker, wirkt. Der Bienerich vertritt vor dem Menschen die Welt, die als die geheime, weil unsichtbare Lebenswelt die Bienenvölker bei ihrer Arbeit unterstützt.

Wenn ein Imker einen Bienenkasten öffnet, findet zwischen ihm und dem Bienerich eine Begegnung statt. Der Bienerich kommt dadurch, dass der Imker zum Volk hintritt und einen Eingriff vornimmt, in die Lage, eine tiefe Verbindung mit dem Imker einzugehen. Er kann ihm körperlich begegnen. Es ist zu beobachten, dass der Bienerich sich gewissermaßen in den

Imker hineinlegt, während dieser an dem Volk tätig ist. Man kann es nicht anders sagen, als dass er mit dem Imker zu einem Teil verschmilzt. Diese Begegnung kann der Imker erleben. Er wird merken, dass dadurch, dass er an seinen Völkern arbeitet, mit ihm eine Veränderung vor sich geht, die auch sein Bewusstsein betrifft. Das Arbeiten an den Völkern löst einen besonderen Bewusstseinszustand aus. Der Grund liegt darin, dass zwischen dem Bienerich und dem Imker diese Verschmelzung stattfindet. Menschenwelt und Elementarwelt berühren und durchdringen sich. Die Schilderung dieser Tatsache mag irritieren und sogar Ängste hervorrufen. Man kann das Gefühl bekommen, die Autonomie zu verlieren, auf die man das eigene Leben gegründet hat. Es ist aber eine geistige Realität, dass es zwischen dem Menschen und den Wesen der elementaren Welt zu vielfältigen Berührungen kommt, die in den meisten Fällen unbemerkt bleiben. Dabei befindet sich der einzelne Mensch in einem stetigen Kontakt mit Wesen aus der elementaren Welt. Er hat dafür in der Regel nur eine schwache Wahrnehmung. Es ist ein ganz eigenes Kapitel der geistigen Forschung, zu beschreiben, in welcher Weise die Wesen der elementaren Welt zum Menschen und seiner Individualität stehen. So viel kann hier gesagt werden, dass dieses Verhältnis enger ist, als man allgemein meint und bekannt ist. Im Fall des Bienerichs ist dieses Verhältnis nun ein besonders enges. Beide, der Bienerich und der Imker, erfüllen die gleiche Aufgabe, jeder allerdings von seiner Warte aus. Es ist wirklich so, dass sie zusammengehören. Es ist deshalb für den Bienerich und auch für die Bienen ein willkommener Schritt, wenn der Imker die Beziehung zu den Bienerichen seiner Völker immer bewusster gestaltet und lebt. Es kommt dem gesamten Bienenorganismus und den Aufgaben der Bienen entgegen, wenn sich der Imker mit dem Zusammenhang befasst, der zwischen dem Volk der Bienen und der elementaren Welt besteht. Damit öffnet sich ein Erfahrungsbereich, der für die Pflege der Bienen einen wesentlichen Fortschritt bedeuten kann. Der Mensch kommt in die Lage, sich den Bienen auf eine bewusste Weise zu nähern, indem er ihre geistigen Lebensbedingungen kennenlernt.

Der Imker ist durch die häufigen Berührungen zwischen ihm und der Aura der Völker Einflüssen ausgesetzt, die sein körperliches Wohlbefinden positiv beeinflussen. Sowohl die Widerstandskräfte als auch die Selbstheilungskräfte des Körpers werden durch die anregende Wirkung, die von der Aura des Bienenvolkes ausgeht, unterstützt. Die körperlichen Prozesse werden gefördert, die das Blut reinigen. Es ist nun überraschend, dass das Bienengift, als Medizin verwendet, eine ähnliche Wirkung auf den menschlichen Organismus hat wie die Aura der Völker.

Bild der zukünftigen Seele

Immer wieder kann man lesen, dass das Bienenvolk mit der menschlichen Gemeinschaft verglichen wird. Demnach soll die Art, wie die Bienen zusammenarbeiten, ein Vorbild für die menschliche Gesellschaft sein. Nach einigem Nachdenken kommt man jedoch zu dem Schluss, dass das Bienenvolk nicht als Modell für die menschliche Gemeinschaft dienen kann, denn es gibt in ihm das Moment der Freiheit nicht. Die einzelne Biene ist nicht frei. Sie ist in einen Naturprozess eingespannt, der ihr Leben und Werden ausschließlich bestimmt. Deshalb ist es nicht statthaft, die Organisation der Bienen auf die menschliche Gemeinschaft zu übertragen. Viel stimmiger ist es hingegen, in dem Bienenvolk ein Bild für die Seele des Menschen zu sehen. In dem Bienenvolk tritt man einem lebendigen Bild für den seelischen Menschen gegenüber.

Dieser Vergleich lässt sich aber nur dann ganz verstehen, wenn man in Betracht zieht, dass dieses lebendige Bild des Bienenvolkes nicht die gegenwärtige Seele spiegelt, sondern den Zustand der zukünftigen Seele. In den Bienen kann der Mensch wie in einem Vorgriff in die Zukunft seiner Seele schauen. Es zeigen sich die zukünftigen Kräfte der Seele. Diese sind schon in den Seelen der Menschen anwesend, aber nur keimhaft. Durch das Bienenvolk wird die zukünftige Seele in die Gegenwart herein gespiegelt.

In jedem Bienenvolk ist etwas anwesend, das auf die Zukunftsgestalt der menschlichen Seele hinweist. Der Mensch ist davon ebenfalls durchdrungen, aber nur in seinem schlafenden Willen. Er erfasst in sich noch nicht, was sich durch das Bienenvolk schon zeigt. Er verschläft es sozusagen, auf den Zusammenhang aufmerksam zu werden, der zwischen ihm und den Bienen besteht, weil er von seinem eigenen Zukunftswesen nicht oder nur zaghaft Kenntnis hat. Das aber ermöglicht ihm aber, sich in Ruhe der Erde zuwenden. Er kann sich seinen irdischen Aufgaben widmen.

Das zukünftige Seelenwesen des Menschen, das sich im Bienenvolk in der Form eines lebendigen Bildes offenbart, steht in einem tiefen Zusammenhang mit den Kräften, die man als die Kräfte des Blutes bezeichnet. Diese verbinden den Menschen mit der Vergangenheit, mit seiner Familie, den Eltern, der Tradition, seiner Sprache und seinem Volk. Jeder Mensch steht in diesem Strom und ist deshalb ein Teil von ihm. Dieser Vergangenheitsstrom dient seiner Individualität in dem Sinne, dass sie sich durch ihn entwickeln kann. Er bietet ihr die Grundvoraussetzungen für die eigene Entwicklung, aber nicht mehr. Der Schritt, der dazu führt, dass die Individualität beginnt, aus sich selbst heraus aktiv zu werden, bedeutet immer zugleich eine Zurückweisung und Verwandlung der Kräfte des Blutes. In der Vergangenheit findet sich das Ich nicht. Dort lässt sich nur erkennen, wie weit die Entwicklung bisher gediehen ist. Es wird ihm aber nicht die Richtung gezeigt, wie es weitergehen kann. Insofern muss das Ich die Kräfte des Blutes verwandeln, damit es beginnen kann, sich der eigenen Kräfte wirklich bewusst zu werden. Ich habe den starken Eindruck, dass der Prozess, durch den das Bienenvolk den Honig hervorbringt, gerade ein Bild für die Verwandlung ist, die durch das Ich an dem Blut vorgenommen werden muss, damit es sich seiner ureigenen Kräfte vergewissern kann.

Damit der Mensch frei werden kann, muss er sich von den bindenden Kräften des Blutes befreien. Es wäre aber ein Irrtum zu meinen, auf diese Kräfte, die ihn zu einem Erdenmenschen werden lassen, verzichten zu können. Es wäre ein Trugschluss, die Kräfte des Blutes einfach verneinen zu wollen. Das ist gar nicht möglich, denn es sind sehr starke Kräfte, die nicht dulden, dass man sie ignoriert. Der Mensch hat vielmehr die Aufgabe, die Kräfte des Blutes dadurch zu verwandeln, dass er das erlöst, was im Blut gebunden und gefangen ist. Die Kräfte des reinen, des erlösten Blutes werden durch das Bienenvolk offenbar. Substanziell ist dieses geläuterte Blut im Honig anschaubar. Die Wandlungskräfte sich anzueignen, ist der Mensch aufgerufen. Für das reine, erlöste Blut steht das Bild des Heiligen Grals. Dieses heilige Gefäß ist für den suchenden Menschen da, der sich entschlossen hat, den Weg der persönlichen Wandlung zu gehen. Er wird, sobald er diesen Entschluss gefällt hat, von dem Gral genährt. Seine Seele erhält von ihm Trost und Genesung. Die verschiedenen Verwandlungsarbeiten der Bienen, die beschrieben worden sind, sind letztendlich Hinweise auf die heilende Wirkung, die der Gral auf die Seele des Menschen ausübt. Die Bienen sind in diesem Sinn Tiere des Grals.

In den Bienen, genauer im Bienenvolk, offenbart sich eine Kraft, eine Wesenheit, die auf die Zukunft des Menschen hinweist. In ihnen erscheint ein Zustand, der der menschlichen Seele noch bevorsteht. Genau genommen wird das Bienenvolk durch die Kräfte zusammengehalten, über die der Mensch einst verfügen wird. Die Weisheit der Bienen wird er dann als eine lebendige Kraft, als ein Vermögen in sich integriert haben. Das Urbild des Bienenvolkes hat einen tiefen Zusammenhang mit dem Menschen. Es ist aber der Mensch, wie er in Zukunft sein wird, der zu diesem Urbild in Beziehung steht. Aus diesem Zusammenhang erklärt sich die Verwandtschaft zwischen den Bienen und dem Menschen. Wenn sich der Mensch den Bienen zuwendet, wendet er sich den Kräften zu, die der Menschheit in Zukunft zur freien Verfügung stehen werden. Imkerarbeit dient den zukünftigen Kräften der Menschen.

Durch die Bienen hat die zukünftige, die geläuterte Seele einen vorläufigen Aufenthalt auf der Erde unter deren Lebensbedingungen erhalten. Sie hat durch sie eine Wohnstätte auf der Erde. Die Bienen ermahnen den Menschen, nicht zu vergessen, worin seine eigene Entwicklung besteht.

XIII Bienensprüche

Der jährliche Entwicklungszyklus eines Bienenvolkes besteht aus bestimmten feststehenden Stufen. Über die Abfolge und das Wesen dieser Stufen sind viele wertvolle Beobachtungen und Erkenntnisse gesammelt worden. Für eine Betrachtung, die in den Sinneserscheinungen Offenbarungen einer geistigen Sprache sieht, zeigt sich die tiefere Bedeutung, welche die Entwicklungsstufen eines Bienenvolkes haben. So drücken sich im Ausschwärmen des Bienenvolkes, in der Wintertraube, in dem Hochzeitsflug der Königin jeweils wesentliche Aspekte aus. Jede dieser Entwicklungsstufen ist ein Aspekt des geistigen Urbildes des Bienenvolkes. Dieses Urbild ist eine sehr weisheitsvolle geistige Wesenheit. Indem man die einzelnen Entwicklungsstufen eines Bienenvolkes studiert, findet man einen Zugang zu diesem hohen Wesen.

Die folgenden Sprüche wollen einen Weg in diese Richtung weisen. Wenn man die Inhalte dieser Sprüche meditativ erfasst, kann man sich ein Verständnis für die größeren Zusammenhänge erwerben, in denen die einzelnen Entwicklungsstufen stehen. So kann man das Wesen der Bienen, ihr Leben und ihre Rhythmen tiefer kennenlernen und verstehen.

Von den zwölf Sprüchen beziehen sich die ersten sieben auf den Jahreslauf des Bienenvolkes vom Schwärmen bis zur Wintertraube. Danach weitet sich der Blick zu anderen wichtigen Aspekten des Bienenwesens. So behandeln die restlichen fünf Sprüche den Kontakt der Bienen zum Imker, ihren Zusammenhang mit der Landschaft, ihre Heilmittel, ihr Weihnachtsgeheimnis und den Tod eines Bienenvolkes.

1 Schwarm

Lebenskeim
eines neuen Daseins Anfang
eines bevorstehenden Lebens Blüte
weite dich
atme
bis an des Lebenskreises Rand
erschaffe dich neu
das Lebensrad beginnt
der Keim lebt

2 Schwarmtraube

Aus den Tiefen
der Erde
tönt es
Ich bin
Ich werde sein
Ich werde geworden sein

3 Einzug

Frieden
legt sich um uns
wie kosmische Hüllen
dem unser Leben gehört
von dem wir nehmen unseren Auftrag
Heimat für die irrenden Menschenseelen zu werden
so wie wir auf Erden heimisch geworden sind
nach Zeiten der Wanderschaft
die Herzen zu bewohnen
die uns Menschen
öffnen

Harmonie
ist die Gabe der Bienen
an die Erde
ihr Fallen aufzuheben
an die Menschen
ihre Mitte zu gründen
an die Verstorbenen
Unausgeglichenes zu heilen

5 Hochzeitsflug der Königin

Strömendes Licht
Lebensmäntel
Wesenstiefen
durcheilt sie
den Sonnentod erleidend
um wiedergeboren zu sein
von dem Wesen
dessen Bote sie ist
lebenverheißende
weseneinende
erdenkündende
Braut

6 Einwinterung

Die Frucht eines ganzen Jahres
liegt mitten unter uns
wir schwimmen in den Erinnerungen
an das lebendige Licht des Sommers
wir nähren uns von dem
was die Erde gibt
ihr strömendes Leben
hält lebendig
schützt uns
fasst uns zusammen
und stärkt

7 Winterruhe

Fallen
in den Geistesozean
in der Erde unendliche Schichten
Worte empfangend
der Neugeburt
für ihr Volk
ist nun der Königsmutter Leben

8 Der Imker und die Bienen

Schlaf
wandelt langsam zum Erwachen sich
in den Reichen des lebendigen Lichts
sehend das Wesen
von dem sie stammen
von dem sie ausgehen
zu dem sie zurückkehren
im steten Wechsel
des Lebens
des Wachsens
des Gedeihens
und Reifens
So stehen sie vor mir
als die Hüterinnen
meiner eigenen Seele
so stehe ich vor ihnen
als ihre Amme

9 Bienen und Landschaft

Unendliche Geborgenheit
im Licht
das zu durcheilen
wir geboren
das zu durchwärmen
wir gesandt
nährend
einend
ordnend
das Leben der Erde
durch unser allseitiges Sein
als Tiere der Erde
dem Licht gehorchend
der Verwandlung verpflichtet

PROPOLIS
spendet Schutz, Stille und Ruhe
HONIG
macht geneigt
Lebensgesetze höherer Ordnung
zu empfangen
WACHS
hüllt das Leben
in lebendiges, wärmendes Licht
POLLEN
nährt
was hungert
GIFT
belebt
was dem Tode zu nah

11 Bienenlicht

In dunkelster Nacht
ist ein stilles Licht erwacht
ruhig strömend
lieblich segnend
will es gehoben werden
erkannt und angenommen sein

Es ist der innersten Seele Lebenslicht
das aus der dunklen Erde spricht
das wärmend hüllt
und mit Kraft erfüllt
Nimm es
gib es weiter
denn die Erde ist in Not

12 Tod und Wandlung des Bienenvolkes

Was vergeht
wird in einem neuen Zustand
aufgehoben
es beginnt eine neue Existenz
legt sich nur hin
zergeht
verstäubt
damit sein wahres Leben
geheimnisvoll
in anderer Form und Gestalt
fortlebt
Es aufersteht
immer
um erneuert zu werden

Tod ist kein Ende
Leben weitet sich zu neuen Ufern
wenn es vergeht
Zwillinge sind sie
jeder des anderen
   Verwirklicher
   Veredler
   Überwinder

Still ist jede Hoffnung
festigt sich mit der Zeit
denn die Früchte erscheinen
später
aber untrüglich für den

der in den Zeichen liest
die das Leben einprägt
im Ewigen

XIV Botschaften der Bienen

In diesem Kapitel sind Botschaften versammelt, die von den geistigen Wesen der Bienen stammen und die ich im Jahr 2005 empfangen konnte. Sie enthalten Angaben, die zu einem vertieften Verständnis des Bienenwesens beitragen können. Sie weisen auf geistige Zusammenhänge hin, die zwischen den Bienen, den Menschen und der Erde bestehen. Diese Texte haben mich in den vergangenen Jahren stets begleitet und sind zu einer wichtigen Quelle für meine Arbeit über das Bienenwesen geworden. Es ist nun mein Wunsch, dass sie auch anderen Menschen bekannt werden. Die letzten beiden Botschaften sind späteren Datums, sie stammen vom November 2012 und Juni 2013.

Imkerbewusstsein

Nehmt das ernst, was ihr tut, in seinen Wirkungen auf die Erde. Unterschätzt nicht den Wert der Motive, die eurem Handeln zugrunde liegen. Die Suche nach diesen Motiven und der daraus resultierende bewusste Umgang mit denselben ist ein wesentlicher Bereich, der euch mit dem verborgenen Wesen der Bienen verbindet. Ströme, Seelenströme gehen zwischen den tiefen Anliegen der Menschen und dem hohen Bienenwesen hin und her. Diese zu unterschätzen ist ein Schaden, der den Bienen zugefügt wird. Frühere Generationen haben von diesen Strömen gewusst oder sie geahnt. Imkerarbeit war und ist vor allem eine heilige Arbeit, ja, eine Arbeit am Allerheiligsten. Imker waren sich dessen in früheren Zeiten unerschütterlich bewusst. Sie empfanden ihre Arbeit, ihre Begegnung mit dem Bienenwesen, mit der ganzen Natur als einen Dienst, der dem des Priesters am Altar entspricht. Sie begegneten den Naturwesenheiten so, wie der Priester der Gottheit begegnet. Und so soll es wieder werden.

Lernt mit eurer Seele hinschauen auf die Bienen. Fühlt euch so in sie ein, dass sich die Grenzen aufheben zwischen dem, was ihr außerhalb von euch wahrnehmt, und dem, was ihr in euch als die Eigenschaften eurer Seele kennt und erlebt. Seht so hin, dass ihr euch angeregt fühlt, in euch Entdeckungen zu machen. Tut das aber nicht so, dass ihr zu viel dabei denkt, tut es aus eurem Fühlen, eurem Einfühlen. Legt eure Seele hinein in das, was ihr seht, in das, was ihr erlebt, ohne euch von irgendeinem Wissen ablenken zu lassen. Überlasst euch dem Eindruck und verbindet euch damit, indem ihr seelisch mit diesem Eindruck atmet. Ihr dürft aber nicht meinen, ihr müsstet nur ganz hingegeben sein. Wagt es, zu experimentieren und seelische Eigenbeobachtungen zu machen, wenn ihr bei den Bienen seid. Fühlt euch als Lernende in der Schule der Bienen, als Erforscher der eigenen Seele durch das, was die Bienen durch ihr Leben anregen in euch. Dadurch lernt ihr das Hinhören. Das ist sehr kostbar und eigentlich unentbehrlich, wenn ihr für die Bienen arbeiten wollt und nicht gegen sie. Das kann nur gelingen, wenn ihr etwas ausbildet, was unter den Menschen noch gar nicht so häufig anzutreffen ist, nämlich das wirkliche Hinhören. Das ist ein Hören, bei dem die Seele hört und nicht das Ohr. Dann hört der Mensch als ein Wesen, das sich bewusst ist seiner eigenen Seelen- und Geistwesenheit und diese mit in die Begegnung, in die Arbeit mit den Bienen hineinnimmt. Lasst also die Wahrheit eures großen weiten Menschenwesens nicht beiseite, sondern schult und erfahrt es bei und an der Arbeit mit den Bienen. Erweitert euch bei den Bienen und schränkt euch und damit die Bienen nicht ein. Werdet groß durch die Bienen, lernt das innere Wachsen, lernt Neues, wirklich Neues und zwingt euch und die Bienen nicht, mit dem Gegenteil zu leben, mit der Enge dessen, was Überlieferung und eingeübtes Wissen ist. Das Wesen der Bienen fordert den Menschen auf, den Weg des inneren Wachstums zu gehen. Dieser bedeutet immer ein Wagnis und ein Sich-Hinwegsetzen über eigene Schatten und Muster, ohne das geht es aber nicht. Dass die Bienen nun gerade Wesen sind, denen die Fähigkeit des beständigen Neuschöpfens eigen ist, ist unübersehbar. Ein Umgang mit ihnen, der zu ihrem Wohl sein soll, erfordert vom Menschen, dass er diese Eigenschaft seelisch auch in sich aufspürt und bei den Bienen zur Anwendung bringt. Sonst ist ein Schaden für sie unabwendbar.

Schule der Liebe

Die Menschen sind noch nicht das, was sie einmal sein werden. Aber sie sind auf dem Weg. Es ist wichtig, dass die Menschen sich als Wesen begreifen, die auf dem Weg sind. Und mit ihnen ist die ganze Erde auf dem Weg. Auf diesem Weg, den die Menschen beschreiten, kommt ihnen Hilfe entgegen, die sie bemerken können oder nicht. Eines der Wesen, das ihnen entgegenkommt, ist die Biene. In den Bienen kommt den Menschen auf ihrem Weg das Wesen der Liebe entgegen. Man kann die tiefe Mission der Bienen verstehen, wenn man sie als Wesen begreift, in denen die Liebe in einem lebendigen Bild offenbar wird. Der Mensch kann ahnen, wenn er als ein lernender Gast bei den Bienen lauscht: Die Liebe der Menschen wird einmal so sein, wie jetzt das Dasein, das Zusammensein der Bienen ist. Dieses fühlend, ist der Mensch in der Schule der Liebe. Als ein solcher kann er weiter ahnen: Ohne das Wesen der Bienen gäbe es die Liebe nicht auf der Erde. Die Bienen sind die Hüterinnen der Liebe. Indem sie leben, bewahren sie die

Liebe auf für die Menschen, bis diese sich reif gemacht haben, sie in ihren Seelen selber zu tragen. Bis dies erfüllt sein wird, hilft das Bienenwesen den Menschen, die Liebe zu bewahren.

Gaben der Erde

Die bewundernswerte Sozialität der Bienen wird durch ihr wesenhaftes Drinnenstehen in den Reichen der inneren Erde gestiftet. Die Bienen tragen aus diesen Reichen herauf das, was durch den Christus in der Erde bereits errichtet wurde. In den Bienen kann das in sichtbarer Gestalt zutage treten, was als ein geistiges Geheimnis in der Erde ruht und, nur den Menschen verborgen, natürlich wirksam ist. Die heiligste Seelenhülle, die den Bienen zukommt, weil sie so tief in das Reich der inneren Erde hinabreichen, ist für die Menschen ein Wesensglied, das ihnen erst in Zukunft zuteil werden wird. Es ist eine Form heiligster, reinster Astralität, die die Menschen mit den späteren Verkörperungen der Erde verbindet. Dieses zukünftige Wesensglied tragen die Bienen durch ihre Tätigkeit, durch ihr Verwobensein einerseits mit dem gesamten Erdenorganismus und andererseits mit dem heiligen Jahreslaufgeschehen. Als eine Gabe der Erde sind die Bienen Ausdruck des Reiches, das sich als goldenes Reich der Liebe in der Mitte der Erde befindet. Im Bienenwachs drückt sich ein Geschehen aus, das in der Erde entspricht dem Übergang des Mineralischen aus der Stufe der Verfestigung in die Stufe der Verflüssigung, Entgröberung, Aufweichung. Das innere Wesen der mineralischen Substanz tritt hervor. Die mineralische Substanz offenbart ihr Inneres, das keineswegs so hart, grob und erstarrt ist, wie es die sichtbare Hülle vermuten lässt. Dieser Vorgang, der sich im Inneren der Erde tatsächlich vollzieht, als ein

Vorgang der Entmaterialisierung, kommt im Wachs unmittelbar zum Ausdruck. Die Wachsbildung setzt dort an, wo das Mineralische übergeht ins Lebendige, Flüssige, Auflösende. Die Honigbildung weist auf einen Vorgang hin, der einen Schritt weiter geht als die Wachsbildung. Der Honig ist Ausdruck eines Erdengeschehens, das darin besteht, die verlebendigte Materie so weit zu treiben, dass ihr geistiger Grundgehalt in Erscheinung treten kann. In großer Reinheit erscheint das Wesen des Stoffes. Die Innenseite des Mineralischen tritt auf. Dafür ist der Honig Ausdruck. Über das hinausgehend, was im Wachs und im Honig sich offenbart, lebt in der Bienensozialität ein tiefes Erdengeheimnis. Heiligstes spricht sich im sozialen Geschehen der Bienen aus. Es erscheint aber zu Recht als eine Steigerung dessen, was im Wachs und im Honig schon anklingt, weil es wie diese mit den Geheimnissen der Erdentiefen verbunden ist.

Worte der Bienen über die Not der Erde

Die Erde ist in Not. Sie braucht eure Hilfe. Sie ächzt unter dem Gewicht, das auf ihr liegt und das ihr vom Menschen aufgebürdet wurde und immer noch wird. Die Menschen sind angehalten, Räume zu schaffen, Seelenräume, innere Räume der Wärme, des Lichts. Das ist eine Kunst, eine Lebenskunst, das Erschaffen dieser inneren Räume der Befreiung. Wo sie nicht stets von neuem geschaffen werden, da birst die Erde. Die Erde tut ihre Not kund, und eigentlich ist es eine Not der Menschen, die auf ihr leben. Die Bienen arbeiten und arbeiten an der Entschlackung der Erde. Denn es liegen in ihr Zonen der Dumpfheit, der Aufzehrung, der Trostlosigkeit. Davon muss sie befreit werden. Die Menschen können bei diesem Werk nur mithelfen, wenn sie es tun aus dem Erlebnis des inneren Friedens, des inneren Freiseins. Sie müssen ihr eigenes inneres Licht entdecken, wenn sie der Erde zu ihrer Durchlichtung verhelfen wollen. Schritte tun not.

Erdengold, Nervenprozess, Bienengold

In den Erdentiefen liegt ein Reich des geistigen Goldes, das deshalb eine besondere Wirkung auf den Menschen hat, weil es sich in die Nerven des Menschen schmiegt, wenn er denkt. Von seinen Gedanken, seinem Denken hängt es ab, inwieweit dieses Erdengold seine Wirkung auf ihn ausüben kann. Es kann seelenveredelnd wirken, wenn der Mensch den Mut findet, sein Denken zu verlebendigen, also den Entwicklungsprozess, dem die Erde und die Menschheit unterworfen ist, bis in die Strukturen seiner Gedankenvorgänge einfließen zu lassen. Das Gold der Erde kann so bis in die Nervenprozesse des Menschen wirksam sein. Der tagtägliche Aufbau und die Regeneration der Nervensubstanz sind nur dadurch möglich, dass der Mensch im Schlaf Teilhaber wird am Gold der Erde. Das geschieht dadurch, dass Elementarwesen aus der Erde in das Gehirn des Menschen aufsteigen, wenn dieser schläft, und geistiges Erdengold den Nerven einarbeiten, sodass diese regenerieren und dem Bewusstsein des Menschen wieder zur Verfügung stehen. Die Elementarwesen kleiden die Nervensubstanz mit dem Gold der Erde aus.

Den Bienen, als Wesen der inneren Erde, obliegt es nun, den Erdorganismus durch die Wirkkräfte des inneren Erdengoldes zu veredeln. Besonders verbunden sind sie mit der Erdenweihnacht. Deshalb ruhen sie im Winter, weil sich ihr Wesen in die Erde begibt, um dort mit dem Licht der Weihnacht vereint zu sein. Ihre Teilnahme an der Erdenweihnacht ist Bedingung dafür, dass sie ihre heilsame Arbeit für die Erde ausüben können. Bis in die Substanzen, die sie hervorbringen, ist das Erdengold zu spüren. Dieses Heilungsgeschehen, das sich durch die Bienen ereignet, ist verwandt mit dem Geschehen, das zur Regeneration der menschlichen Nerven beiträgt. In diesem Sinne ist ein Bienenvolk verwandt mit dem menschlichen Haupt.

Die Bienen und das Licht der Erde

Die Erde wird aus ihrer Mitte heraus ernährt von dem Reich der geistigen Sonne. Die Erde lebt aus dieser Mitte. Die Bienen holen dieses geistige Licht der inneren Erdensonne hervor. In ihnen lebt es, denn sie leben in ihm. Ihre Heimat ist das geistige Licht der Sonne in der Erde. Die Menschen leben ebenfalls aus diesem geistigen Erdenlicht, weil sie Wesen der Erde sind. Es bedeutete einen gewaltigen Entwicklungsschritt für die Menschen, wenn sie sich Rechenschaft darüber ablegen würden, was sie diesem geistigen Licht der inneren Erde zu verdanken haben. Sie würden nicht leben können, stünden sie nicht in der Wirkung dieses Lichtes. Es ist ihre geistige Lebensquelle. Dass die Bienen Heraufbringer dieses inneren Lichtes sind, ist eines ihrer tiefsten Geheimnisse. Sie leben, weil sie dieses tun, im Christus, tief in ihm, denn sein Licht ruht im Inneren der Erde. Christusboten sind deshalb die Bienen. Wenn eine Biene stirbt, fliegt sie in den Christus. Er nimmt jedes sterbende Bienenseelchen in sich auf. Es darf, bevor es wiedergeboren wird, im Kleid des Christuswesens leben, dort hin- und herkrabbeln und sich nähren von seinem Wesen. Die Bienen sind seine Kinder. Zu diesen hat er sie gemacht. Die Bienen vollbringen eine Verwandlungsarbeit an der Erde. Sie tun es im Zusammenhang mit höheren, übergeordneten geistigen Wesen. Ihre Tätigkeit besteht in einer beständigen Durchchristung des Erdenkörpers. Sie tun dies als Dienst an dem Wesen, durch das sie erst sind, was sie sind. Ihr Leben ist ein Dienst am Christus.

Bienentod

Jedes Bienchen hat ein reiches, unermessliches Leben, dass sich der Mensch kaum vorzustellen vermag. Könnte er dieses Leben erfühlen, würde er die Bienen nicht mehr geringschätzen und sich nicht mehr als der Meister empfinden, der über die Bienen herrscht. Er würde zu einer neuen Beziehung finden, durch die sich die Bienen mit ihm verbinden. Einst haben sich die Bienen in die Hände der Menschen gegeben, in deren Obhut, nicht als untergeordnete Wesen, sondern als Geschwisterwesen. Über Geschwister kann man nicht verfügen. Keine Biene macht die Erfahrung ihres Lebens für sich. Sie macht diese für ihr Volk, für die höheren, mit den Bienen verbundenen geistigen Wesen und für die Erde. Das nun ist die Grundlage für ihre eigene Entwicklung. In jeder Biene steckt ein Elementarwesen, durch das sie erst zu einem Seelchen wird. Dieses Elementarwesen ist einst in den Kreis der Bienen eingetreten und wird auch wieder, wenn die Zeit gekommen ist, aus diesem Kreis austreten. Solcherart bestehen viele Zyklen, die die Naturwesen miteinander verschwistern. Bevor es eine Biene beseelt, ist das Elementarwesen mit der Welt der Pflanzen verbunden. Es arbeitet sich über eine längere Zeit durch die verschiedenen Reiche der elementaren Welt, welche die Pflanzen mit ihrem Umkreis verbinden, ausgehend vom mineralischen Reich, über den wässerigen Bereich bis hin in das Reich der Luft und des Lichts. So steigt dieses Elementarwesen, das dazu bestimmt ist, einmal ein Bienenseelchen zu werden, in der Pflanze aufwärts bis zur Blüte. Dort kann es sich wandeln und zu einem Bienenseelchen werden. Das tut es unter der Führung höherer, mit dem Bienenwesen verbundener Geister. In der gleichen Art verlässt ein Bienenseelchen den Kreis der Bienen, sobald die Zeit gekommen ist, und wird unter der Leitung weiterer, höherer Wesen neuen Aufgaben zugeführt. Die Erfahrungen, die es als Biene gemacht hat, werden in Fähigkeiten verwandelt, die dazu dienen, die neuen Aufgaben zu erfüllen.

Bienen im September

Die Bienen fühlen sich im September in die Geistigkeit der Erde ein. Sie stehen an der Schwelle zwischen dem äußeren, für den Menschen sichtbaren Erdenlicht und dem geistigen Licht der Erde. Die Erde wird für sie langsam durchsichtig. Ihr Hingezogensein zu der äußeren Welt des Lichts, der Luft, der Wärme nimmt ab. Dafür beginnt in Erscheinung zu treten das, was man das Reich der geistigen Trägerschaft der Erde nennen kann. Die Wirkung der Erde selbst verstärkt sich. Die Bienen gehören diesem inneren Reich der Erde an. Viel mehr als Wesen der oberirdischen Erde, die sie im Sommer emsig durchschwirren, sind sie Geister der inneren Erde. Die Bienen sind Kinder der Erde und ihrer verborgenen Reiche. Das Geheimnis der Bienen und viele andere Geheimnisse des Lebens wird der Mensch nicht ergründen können, wenn er den unzähligen Wesen der inneren Erde nicht einen würdigen Platz in seinem Denken einräumt. Ja, die Erde wird fallen, wenn der Mensch nicht das Wesentliche in sein Denken einlässt. Er entzieht sich selbst die Lebensgrundlagen, wenn er nicht erkennen kann, dass die Erde ein Organismus ist und folglich von einer Vielzahl geistiger Wesen bewohnt, belebt, gebildet und verwandelt wird. Die Bienen sind Wesen, die zwischen den

Reichen der äußeren und der inneren Erde hin- und hergehen. Darin liegt auch ihre Bedeutung für den Menschen.

Ein Bienenseelchen, das stirbt, schlüpft, seine physische Lebenshülle zurücklassend, in die Erde. Sein Weg führt es in die verschiedenen Reiche der inneren Erde. Die geistige Formgestalt der physischen Hülle nimmt das Seelchen mit bis zu einem Punkt, an dem die Schäden, die dieser Geistleib durch die oberirdische Existenz erlitten hat, behoben werden. Dieser wiederhergestellte Geistleib bleibt in den oberen Erdschichten zurück und dient den zur Geburt hindrängenden Bienenseelchen als Orientierung, wodurch sie ihren Weg wieder in ihre oberirdische Heimat finden können. Die aufsteigenden Seelchen kleiden sich in diesen geistigen Formleib, der ihnen erst ermöglicht, sich in der Wabe zu einem Bienentier zu entwickeln. Das hinabsteigende Bienenseelchen tritt, seine Geistleiblichkeit zurücklassend, in einen Bereich ein, in dem alle hinabsteigenden Seelchen sich sammeln. Sie sammeln sich um ein Geistwesen, das man die Seelenmutter der Bienen nennen kann. Sie nimmt die Seelchen in sich auf, wodurch sie Trost und Milde erfahren. Ihnen wird alle Schwere genommen, die sie aus ihrem oberirdischen Dasein mitbringen. Die Seelchen erleben die Zugehörigkeit zu dem umfassenden Bienenwesen, unabhängig davon, zu welchem Volk oder zu welcher Königin oder zu welchem Erdenort sie gehören. Sie entdecken ihre Verbundenheit durch eine erweiterte Geistigkeit, die zusammenhängt mit der Geistigkeit der Erde. Vor ihnen erscheint das Geistwesen der inneren Erde als ein offenbares Geheimnis. Sie werden zu Zeugen des inneren Erdenlichts.

Honiggeheimnis

Die Bienen bringen Gold über die Erde, Erdengold. Es fließt ein in die Substanzen, welche die Bienen als ihre Geschenke an die Menschen weitergeben. Diese Substanzen haben wie alle Substanzen eine geistige Seite. Das heißt, dass sie durch ihr bloßes Dasein eine Wirkung auf den Menschen haben. Deshalb wirkt Honig auch, wenn man ihn nicht einnimmt. In den Honig fließt etwas ein, das in anderen Substanzen nur in Spuren vorhanden ist. Es ist das Wesen des Friedens, des Ausgleichs, der Ausgewogenheit, das im Honig lebt. Denn so, wie der Honig entsteht, kommt keine andere Substanz zustande. Ein großes übergeordnetes Wesensgeflecht geht in den Honig ein. Die heilende Wirkung des Honigs zeigt sich in seinem Entstehungsprozess. In diesem drücken sich gleichzeitig die hohen Aufgaben der Bienen aus. Im Honig erscheint das Geheimnis ihres Wesens im Substanziellen.

Bienenweihnacht

Die Bienen sind Wesen der innersten Erde. Dort befinden sich Heimat und Ursprung ihres geistigen Wesens. Das ist der Grund, weshalb Imker schon immer ein Geheimnis gespürt haben, das zwischen ihren Bienen und dem Geschehen der Weihnacht besteht. Denn die Weihnacht ist ein Fest der innersten Erde. Die Bienen sind Wesen, die bis ins Physische der oberirdischen Erde hinein lebendiges Abbild sind von den geistigen Organen der Erdenmitte. Dort befindet sich der Jungbrunnen der Erde, ihre heilige Lebensquelle und ihr lebenspendendes Herz. Als Wesen dieser Erdenmitte sind die Bienen Trägerinnen einer Erlösungsarbeit, durch die heraufgehoben wird heilende, heilige, geistige Substanz für die Menschen und die Wesen der Erde.

Worte der Bienen

1

Das Wesen der Bienen
steht zum Menschen in einer Unbedingtheit
die er sich selbst gegenüber noch zu erlernen hat
Er ist in dieser Beziehung noch nicht da
wo sie schon sind

2

Trotz der Zersplitterung
der die eigene Seele ausgesetzt ist
als Mensch sich finden zu können
ist die geheimnisvolle Gabe der Bienen
an den Menschen

3

Im Honig
ist das heilige Wesen der Erde
Substanz geworden
Honig enthält keine Angst
Alle Befürchtungen, Zweifel sind ihm fremd
In ihm sind sie überwunden
Die Bienen sind ihre Überwinder
In ihrem Fliegen und Tun und Sein
liegt die Kraft der Verwandlung
die im Honig
in der Welt der Substanzen
erscheint

4

Die Drohnen lieben die Erde
die Arbeiterinnen die Finsternis
die sie verwandeln
die Königin die menschliche Seele
der sie in die geistige Welt vorangeht

5

Durch die Herzen fliegen die Bienen
genauer im Blut des Menschen
Ihre Arbeit für den Menschen
ist eine Herzensarbeit
die der Verwandlung des Blutes gilt
Die Dunkelheit des menschlichen Blutes
die Kräfte der Vernichtung
der Verneinung
die Ignoranz
der Egoismus
sind das
wogegen sie anfliegen
ankämpfen
denn im Blut sind diese Kräfte
geistige anwesend
Die Widerstände der Bienen sind dort zu finden
wo der Mensch dem Bösen preisgegeben ist
Sein Kampf entgeht ihnen nicht
Sie können nicht anders
als an der Verwandlung der Widerstände
denen die menschliche Seele gegenübersteht
mitzuarbeiten

6

Das geistige Königinnenwesen spricht
zum Menschen
von seinen höchsten heiligsten Kräften
der Verwandlung
Geistige Lebensräume der Entwicklung
erschaffen die Arbeiterinnen
für die menschliche Seele
Den geistigen Lebensfunken
aus dem jede Entwicklung gespeist wird
tragen die Drohnen aus der geistigen Welt
ununterbrochen
der physischen Welt zu

7

Empfangend das Leben
das er noch leben wird
verwirklicht der einzelne Mensch
das Bienenwesen in sich
Verwandelnd das Alte zur Reife des Neuen
lebt er das
was die Bienen schon tun
durch die Kraft seiner Individualität
Achtend der Zeichen
die ihm im Äußeren erscheinen
verwirklicht er die Menschenbiene
Seine Seele wird ihr Bienenwesen gewahr
durch die Aufmerksamkeit für die Zeichen
die ihr beständig aus der geistigen Welt
gesendet werden
Das ist sein Nektar

8

Vollständig ist jeder Mensch
sonst wäre er gar nicht
Er hat nur noch nicht alle Mittel
das zu erkennen
Die Bienen arbeiten geistig für diese Erkenntnis

9

Suche nicht
lass dich aber finden
von den Wesen
die zu dir sprechen wollen
die arbeiten
an der Vervollständigung der Erde
durch die Zeit
durch die Lebenszeit
durch die Erfahrungen
die in jedem Augenblick
an jedem Ort
immer anwesend sind
und wirken
in den Wegen
der Menschen
über die Erde

Arbeiterin, Königin, Drohne

Wir warten auf die Menschen, die an der eigenen Seele lauschen wie an einem Bienenstock. Jede Seele hat einen Geruch, einen Ton, eine Spannung, ist in einem bestimmten Zustand der Weitung oder der Engung, wie ein Bienenvolk.

Die Arbeiterinnen sind die Trägerinnen der Christuskraft, die aus- und einströmt, einträgt, austrägt, sich verteilt und wieder eint und dadurch teilhat an der Verwandlung der Schatten durch das Licht, die durch das Bienenvolk sich vollzieht. Dadurch, dass die Seele in viele, viele Wesensaspekte aufgegliedert ist, kann sie verwandeln, denn sie ist so vielschichtig, vielgewandt durch die Augenblicke, die Erlebnisse, die sie hatte und die in ihr ruhen als die vergangenen und die zukünftigen Lebensimpulse.

Das Jetzt aber spenden die Drohnen, ihre Genügsamkeit, ihr dunkler, warmer, ruhiger Erdenton eröffnen der Seele die Welt des Jetzt. Nur ihre Gegenwart in der Seele als die Kraft der ruhigen, ewigen Erde ermöglicht der Seele den Zugang zum Jetzt. Ohne sie könnte die Seele das Jetzt nicht ertragen.

Und die Königin! Sie ist das Himmlische in der menschlichen Seele, das Himmelslicht des Menschen oder der Stern seines Seins, seiner Geburt, der, obwohl so hell und licht, doch am tiefsten sinkt. Deshalb aber kann sich in der Menschenseele der Lebensstrom, der Ichfunke einnisten. Nichts steigt so tief in die dunkle Nacht der Erde wie das Königinnenwesen. Währenddessen wird sie geistig geboren und stirbt fast dabei, sie empfängt die Drohnen und stirbt fast dabei. Im Winter steigt sie zur heiligen Mitternachtssonne der Erde empor und wird zu einem neuen Leben aufgerufen durch den Herrn der Erde selbst.

Lauschend am Bienenstock tritt die Seele deshalb sich selbst gegenüber als das kosmische Kind im Erdengewand.

XV Zu den Bildern

Die nachstehenden Bildbeschreibungen beziehen sich auf die diesem Buch beigelegten Karten.

1 Der Bienenkosmos

Dargestellt werden die geistigen Räume, die jedes Bienenvolk umfasst. Zwischen dem Licht der äußeren Sonne und dem Licht der inneren Erde öffnet sich der geistige Lebensraum des Bienenvolkes. (K. M.)

2 Die geistigen Wesen der Bienen

Auf diesem Bild treten verschiedene geistige Wesenheiten in Erscheinung, von denen jedes Bienenvolk umgeben ist und gehütet wird. (K. M.)

3 Das Bienenwesen inmitten aller Verwandlungsprozesse des Tierreiches

Die Pflege der Bienen durch den Menschen auf allen Stufen des Lebens ist auf dem Bild zu erkennen. Von rechts unten steigt dieser Stufenweg über links in einer großen Lemniskatenbewegung durch die Herzensmitte der Königin nach oben. Die blaue Gestalt der Königin weist auf ihre tiefe Verbindung zum Ätherstrom des Lebens hin, der um sie herum anwesend ist. Auf der linken Seite zeigen sich die Elementarwesenhelfer, die den Honig in die Waben fließen lassen. Rechts von der Königin in ihrem Flügelbereich werden die Entwicklungsstadien der Brut gezeigt. Dahinter steht in einem lila Gewand das Tierhüterwesen, das für alle Tiere zuständig ist. Unter dem Herzen der Königin erscheint ein Tierkopf mit Hörnern als Vertreter der Wiederkäuer. Das weist auf die zentrale Bedeutung des Verdauungsorganismus der Königin hin, der für die Eierbildung verantwortlich ist.

Die dunkle Gestalt zu ihren Füßen ist der nach Wahrheit suchende Mensch, dem ein kleines braunes Bienenwesen vorangeht. Dieses schenkt ihm die Heilmittel, durch die er wieder einen Schutzmantel bekommt, der sich in den linken großen, bräunlichen Gestalten zeigt. Somit hat sich das Bienenwesen mit dem Menschen vollständig vereinigt, und durch die Heilmittel kann sich der Mensch bis in sein tiefstes Wesen wiedererkennen. Die Lichtkraft, die im Menschen gefesselt war und ihn in Schwarz-Weiß erscheinen lässt, verwandelt sich durch die Heilmittel in einen durchwärmten Körper, so dass die Seele Erdfarbe annimmt.

Der Wabenbereich, der unten links dargestellt ist und in den der Honig hineinfließt, ist zugleich die Geburtsstätte der Bienen.

Rechts unten ist das Sterben der Bienen ins Bild gebracht. In dem Augenblick, in dem eine Biene stirbt, steht der Entschluss zur Wiedergeburt schon fest, und ein neuer Kreislauf beginnt. Die Bienenkörper sind von großer Bedeutung für die Erde. Die Erde trinkt und lebt aus den Erlebnissen und Erfahrungen, die sie in ihrem kurzen intensiven Leben gesammelt haben. Durch jeden Körper entsteht ein neues Stückchen Erde, das es vorher noch nie gab. Somit sind sie uns Vorbild für den großen Kreislauf des Lebens. (F. v. G.)

4 Der Schwarm

Von oben links kommt der Schwarm herangeflogen. Das längliche, hängende, bläuliche Gebilde stellt die Schwarmtraube dar.

Das Zusammenleben der Bienen in der Schwarmtraube ist durch die Erinnerung an die Zeit, die sie mit der Königin als Volk verbracht haben, gegeben.

Die Neigung, ein neues Wabenwerk zu bauen, ist in dem Urbild des Bienenvolkes enthalten. Wenn das Volk einen geeigneten Platz gefunden hat, beginnt es sofort zu bauen.

Am rechten Rand sieht man die materielle Umhüllung (Bienenkasten, Baumhöhle), die ein Bienenvolk braucht, um sich sein neues Zuhause zu erbauen.

Während des Schwärmens werden die Bienen von allen Seiten von sehr hohen Wesen, die sich überall auf dem Bild zeigen, wie auf Händen getragen und geführt. Ununterbrochen unterstützen geistige Wesen den Schwarm auf seinem Weg. (F. v. G.)

5 Die Bienen als Boten der geistigen Welt

Hier offenbart sich am Bienenwesen der Weg der Seele, den sie nach dem Tod geht. (K. M.)

Mensch
in uns
erscheint dir
deiner Entwicklung Ziel
der Geistesfunken
die Fülle
deren Träger
du bist

6 Die Bienenkönigin wird aus der Erde geboren

Auf diesem Bild sieht man das Geschehen der allmählichen Geburt der Bienenkönigin aus der Erde in der nachweihnachtlichen Zeit. Dieser Weg ist in dem aufsteigenden Gebilde links dargestellt. Daneben sind Wesenheiten der Erde sichtbar, die diesen Prozess begleiten. Oben links erblickt man das Licht der österlichen Erde. (K. M.)

7 Das Bienenwesen

In dem Bild schaut man den aurischen Umkreis, der als eine übersinnliche Hülle die Bienen umgibt. In der Mitte sieht man langgestreckt die Bienenkönigin, die von einem hellen Schein umgeben ist, nach unten aber ein dunkles Kleid trägt, das schließlich im Giftstachel endet. In dem hellen Schein sind der Einfluss verschiedener anderer Tierwesenheiten und ihre Kräfte zu erleben. Am oberen Bildrand lassen sich drei Geistwesenheiten erkennen, welche die drei Bienenwesen (Königin, Drohne, Arbeiterin) verkörpern. Sie haben aber auch einen Bezug zum Menschen, indem sich in ihnen seelische Kräfte offenbaren, durch die er mit dem kosmischen Leib der Erde verbunden bleibt. Links von ihnen erscheint ein Bienerich. Unter ihm wird einen Sphäre sichtbar, die zeigt, welche Verbindungen er zum geistigen Organismus der inneren Erde hat. Am rechten Bildrand schaut man die Kräfte, die nötig sind, damit Drohnen hervorgebracht werden können. Daneben (orange Gestalt) werden diejenigen Kräfte deutlich, durch welche die Arbeiterinnen entstehen. Das Königinnenwesen, von dem Drohnen und Arbeiterinnen abstammen, erscheint in der Mitte. Unten rechts sieht man einen Imker, der ruht und dessen Seele dem Bienenwesen lauscht. Auf der unteren linken Bildhälfte zeigen sich Tier- und Pflanzenwesen, die in der Grotte der Muttererde behütet sind. Das Bienengift wird von einer heiligen Frau aufgenommen. (F. v. G.)

XVI Nachwort

Dieses dritte Buch, das nun im Futurum Verlag erscheint, ist eigentlich mein erstes. Ich habe mit der Arbeit daran vor den beiden anderen begonnen. Die beiden ersten Bücher sind ihm aber aus verschiedenen Gründen zuvorgekommen, vor allem deshalb, weil die Forschungsergebnisse über das geistige Wesen der Bienen und ihre Darstellung mir lange Zeit noch nicht ausgereift genug erschienen, um auch veröffentlicht zu werden. Es entspricht einerseits dem Verlauf meiner eigenen Forschung, wenn in den ersten beiden Büchern die Welt der Elementarwesen geschildert wird und erst im dritten das Wesen der Bienen. Andererseits bietet sich dem Leser die Möglichkeit, sich durch die zwei ersten Bücher mit den Wesen bekannt zu machen, welche die geistige Welt bevölkern. Viele Gedankengänge und Gedankensprünge, die nötig sind, um das geistige Leben der Bienen zu verstehen, sind für den, der sich mit den Lebensbedingungen der Elementarwesen vertraut gemacht hat, leichter nachvollziehbar. Er wird eine gewisse Übung haben, sich in das Denken einzufinden, das es braucht, um die Vorgänge in der geistigen Welt zu verstehen. Die Elementarwesen sind in einer gewissen Beziehung Wächter dieses Denkens.

Ich möchte mich herzlich bei allen Menschen bedanken, die diese Forschung unterstützt haben. Sie wäre ohne diese Unterstützung gar nicht möglich gewesen. Zusätzlich zu den Menschen, die bereits im Text erwähnt sind, gilt mein besonderer Dank meiner Frau Cornelia Massei, den Bäuerinnen Ingrid Birri und Verena Klurfeld, der unermüdlichen Leserin Barbara Möri, dem Lektor Taja Gut und dem übrigen Verlagsteam, bestehend aus Claudia Zangger und Jonathan Stauffer, sowie, stellvertretend für die Freunde aus Holland, Fiona Geraets, Jos Willemse und Jos Schuylenberg und der Übersetzerin Clarisse Gold.

Nachweise

1 Rudolf Steiner, *Mensch und Welt. Das Wirken des Geistes in der Natur. Über das Wesen der Bienen* (GA 351), Vortrag vom 22. Dezember 1923, Dornach ^{5}1999, S. 260.
2 Michael Weiler, *Der Mensch und die Biene,* Darmstadt ^{2}2000, S. 16.
3 Michael Weiler, ebd., S. 14 f.
4 Ebd., S. 19.
5 Rudolf Steiner, a. a. O., S. 258 f.
6 Michael Weiler, a. a. O., S. 26.
7 Rudolf Steiner, a. a. O., S. 259 f.
8 Rudolf Steiner: *Meditative Betrachtungen und Anleitungen zur Vertiefung der Heilkunst* (GA 316), Vortrag vom 2. Januar 1924, Dornach ^{5}2008, S. 26 f.